Alvaro Alonso Barba

Berg-Büchlein - darinnen von der Metallen und Mineralien Generalia und Ursprung

wie auch von derselben Natur und Eigenschafft

Alvaro Alonso Barba

Berg-Büchlein - darinnen von der Metallen und Mineralien Generalia und Ursprung
wie auch von derselben Natur und Eigenschafft

ISBN/EAN: 9783743470668

Hergestellt in Europa, USA, Kanada, Australien, Japan

Cover: Foto ©ninafisch / pixelio.de

Weitere Bücher finden Sie auf **www.hansebooks.com**

John Carter Brown
Library
Brown University

The Gift of
The Associates of
The John Carter Brown Library

ALBARO ALONSO BARBA,
Eines Spanischen Priesters und
hocherfahrnen Naturkündigers

Berg = Büchlein /

Darinnen
Von der Metallen und Mi-
neralien Generalia und Ursprung / wie
auch von derselben Natur und Eigenschafft /
Mannigfaltigkeit / Scheidung und Fein-ma-
chung / imgleichen allerhand Edelgesteinen /
ihre Generation etc. außführlich und
nutzbarlich gehandelt wird.

Anfangs in Spanischer Sprache beschrieben / und in zwey Theile getheilet.
Nun aber

Allen Bergwercks = Zugethanen und
Bedienten / imgleichen auch andern Ertz-und
Natur-Kündigern / und der Alchimie Beflissenen
zu Dienst und Gefallen
In Teutsch übersetzet
Von
I. L. M. C.
Mit ChurSächsischer Freyheit nicht
nach zudrucken.

Hamburg /
Auf Gottfried Schultzens Kosten /
1676.

Vorrede.

Großgünstiger Leser.

Nunmehro hast du in deinen Händen ein Kleynod/ welches dermaßen in Spanien und in den Indien hoch gehalten wird/daß sie alles/ was sie haben (ja das Himelreich selber darzu) solches zu erlangen verkauffen; Denn wenn sie das haben/so dencken sie daß sie darmit alles (in dieser Welt meyne ich) haben und erhalten werden: und in diesem Lande/ wie ich euch erzehlen muß/muß man einen weiten Weg das andere zu erlangen gehen. Gewißlich es sind bey allen Völckern etliche die da verkauffen wollen/ was sie nicht haben/ noch iemahls haben werden; Dieses aber war so ein seltzames Kleynod/ daß ihrer wenig

wenig solches zu verkauffen hatten. Denn es ward eben so heim-
lich gehalten / als das grosse Ge-
heimnüß / der Stein der Weisen /
und der nur den Adeptis von Hand
zu Hand übergeben wird.

Nachdem es aber auch in unser
Hände gefallen / hat man den übrigen Menschlichen Geschlecht nicht
ein / so grosses Gut mißgönnen /
noch zugeben wollen: daß ein so
grosser Schatz in ein Tuch einver-
wickelt bliebe / sondern unsere
Sprache auch damit geehret und
bereichert werde / die anstalt gemacht. Gebrauchet solches zu eu-
ern besten / und verbleibet groß-
günstig gewogen!

Die Art und Weise/ wie die Metallen/
und andere zu denselben gehörende Substan-
tien generiret und gebohren
werden.

Das Erste Capitel.

Von denen Dingen/ die zu den Metal-
len gehören / und erstlich von der Erden und al-
lerhande Farben derselbigen.

Lle leblose Dinge in den Eingeweiden oder innersten Theilen der
Erde können zu einem dieser vier Ge-
schlechte oder Vermischungen gezo-
gen werden/als nemlich / daß sie seyn entweder

Metalle/   Erde oder   (harte-
Steine/   Berg-Säffte oder Berg-

Die Natur bringet diese / eines mit dem andern
vermischet/herfür/und weil die Kunst die Metallen
zu scheiden/nicht werckstellig gemacht werden kan/
wo man nicht die Natur der andern drey (wie hernach zu sehen seyn wird) zugleich verstehet/so wil ich
von diesen ein wenig handeln.

Bey dem Wort Erde meyne ich nicht das reine
und einfache Element / daron die Philosophi sa-
gen/ alle unter den Monden befindliche vermischte
Cörper zusammen gesetzet sind.

So meyne ich auch nicht diejenige/welche so grob
ist / wie sie nemlich mit den Metallen Vitriol/ oder
andern Berg-Säfften vermischet bleibet.

A   San-

Sondern ich meyne eine solche irdische Substantz oder Wesen / welche nimmer in dem Feuer fliesset / noch sich im Wasser solviret / auch nicht so dichte und hart als die Steine ist.

Etliche melden / daß Aristoteles der Meynung gewesen / daß die lautere Elementarische Erde ohn alle Farbe sey. Strabo sagt / daß sie weiß sey / weil die Asche von dergleichen Farbe ist. Aber der Bergmann mag wol sicher trauen / daß er / er grabe so tieff er wolle / er niemahl ein solches reines Element der Erde antreffen werde / daß er damit etwas neues versuchen möge / dann es ist nicht in der Welt wegen der immerwehrenden Vermischung der Elementen untereinander.

Die Farbe der reinesten Erde / die man hat gefunden / solte wohl Cardona seyn / ein recht dunckel grau: In den andern Orten der Erden sehen wir / wie reichlich die Natur die Welt mit mancherley Farben gezieret / welche von den unterschiedlichen Außdämpffungen / wie Theophrastus saget / oder von unterschiedlicher Hitze oder Wärme verursachet werden / und beydes mit Warheit; Dann so unter der Erden / welche keine natürliche und eigen Farbe hat / Metallen gefunden werden / so ist gewiß / daß die Außdämpffungen oder Witterungen von solchen Metallen den Grund und Boden unterschiedlich angefärbet haben / so aber kein Metall allda gefunden wird / so kommen die unterschiedlichen Farben her von der verzehrenden Krafft der Sonnen-Hitze. Darneben führet die unterschiedliche Farbe / welche von den Außdämpffungen herrühret / einen Glantz und

und Schein von weiten mit sich / und die Unter-
schiedlichkeit der Farben von der übrigen digestion
oder Kochung der Sonnen ist dunckel oder eisenfär-
big oder schwartz.

Daher / wie bereits gesagt / man nachdenckliche
Muthmassungen machen kan / in Erfindung der
Ertz-Gänge in den Eingeweiden der Erden aus der
Farbe des Grundes und Bodens / oder an den Aek-
kern / so auff den Gebirgen gepflüget werden / wie solches die Erfahrung in allen Spanischen Herrschaf-
ten erwiesen hat.

Das ander Capitel.
Von den unterschiedlichen Geruchen der
Erde / und von derselben Ursache.

Die Wirckung der Natur in Herfürbringung der Geruche der Erden ist gleicher Gestalt merck- und wunderns würdig.
In gemein gibt die Erde einen guten Geruch von
sich / wann die ersten Regen / nach dem des Som-
mers Hitze vergangen / fallen; Die trockene Zeit /
nachdem sie die mäßige Feuchtigkeit / welche in der
Erden war / und davon aller guter Geruch herkommet / zusammen trieben / und die ersten Regen wiederumb sie solviren / (wann sie bey einer mäßigen
Wärme außgedämpffet /) machen den guten Geruch / den wir verspüren. Etliche Arten von irde-
nen Gefäßen haben ebener massen diesen Vorzug /
als die zu Estremos in Portugal / und zu Nata in
Panama, welche wegen dieser ihrer Eigenschafft in
Europa sehr hochgehalten werden. In der berühm-

ten

ten Stadt Malacca in Oſt-Indien / ſagt man ſey
eine Art irdener Gefäſſe / welche wunder-ſchön rie-
chen/und zwar in ſolchem Uberfluß / daß es wenig
geachtet wird / und ſie machen alle ihre geringſten
und unachtbahrſten Gefäſſe daraus. In etlichen
Bergwercken hat man auch eine gar wol riechende
Erde angetroffen / ob ſchon gemeiniglich dieſer Art
Erde eines böſen Geruchs iſt. Agricola erzehlet/
daß/ als einsmahls Hertzog Heinrich von Sachſen
zu Marienberg geweſen / ſey ein ſo ſüſſer und lieblicher Geruch aus der Fundgrube/welche St.Sebaſti-
an genennet wird/auffgeſtiegen / daß der Fürſt ſich
höchlich darüber verwundert/und geſagt/daß es ihm
däuchte/er ſey in Calivet, (der berümten Landſchaft
in Indien / welche wegen ihres ſeltzamen guten Geruchs uñ andern fürtreflichen Dingen von verſtän-
digen Leuten für das Paradis gehalten worden/dar-
innen GOtt den Adam vor Alters/und die heiligen
Väter nun auff Erden erfreuet:) Die Metallen/
welche aus dem Bergwerck / das ſie Palos heiſſen/
ſind auch eines guten Geruchs/wann ſie nicht über
einigen Baſtard-Ertz/welches darbey ſich befindet/
und es angeſteckt hat/ liegen. Und dieſer-gute Geruch iſt ein gutes Zeichen / daß die Steine dieſes
Bergwercks/und der Erde / die ſie da bekommen/und
Lampos genennet wird/ſehr reich ſeyn. Dieſe Erfahrung findet ſich gemeiniglich in den Bley- und
Zinn-Bergwercken / und iſt gebräuchlich bey den
Berg-Leuten/ daß ſie ihre Ertze ſo wol aus dem Ge-
ruch/als aus dem Geſchmack / zu urtheilen pflegen.
Die andern Arten der Metallen haben meiſtentheils
einen

einen übeln Geruch / entweder wegen ihrer eigenen
natürlichen Unart / oder weil sie ins gemein mit
Schwefel / Victriol oder andern böß-artigen Berg-
Säfften vermischet sind.

Etliche stehen in den Gedancken / daß ausser und
über dem / was gesagt worden / noch in den Eingeweiden der Erden eine so stinkende und abscheuliche
Materie verhanden / welche mit dem Koth der Thiere übereinkomme. Wahr ists / daß in der Erden
Oerter sind / welche alsofort mit einem Pestilentia-
lischen Geruch tödten. Und daß ich anitzo dergleichen Geschichte beydes der alten und neuen in ent-
legenen Ländern vorbey gehe / so wil ich zwey Exempel erzehlen / da ich selbst zu gegen gewesen / welches
geschahe / als die reiche Gegend St. Christof de los
Lipes entdecket wurde. Zu welcher Zeit auf einem
schönen hohen Hügel / welcher nebenst andern / umb
die Wohnungen der Berg-Leute her lag / zween
Schiffleute eine Fund-Grube antraffen / die sie Anfangs mit ihren eigenen Namen nenneten / nach der
Zeit aber biß auff dise Zeit / wird sie von ihrer Wirckung / die stinckende Ertz-Grube geheissen. Anfänglich gabe sie sehr reich Ertzt (Tacana) nebenst einem weissen Kalck : da sie aber tieffer zu sincken be-
gundte / muste man sie liegen lassen / wegen eines
überaus abscheulichen heßlichen Gestanckes /
so ihnen darinnen entgegen kam / welcher unterschiedliche Indianische Berg-Leute tödtete:
und also lage es bey vier oder fünff gantzer Jahren
unbearbeitet oder ungebauet. Nach welcher Zeit ein

A 3   an-

ander Berg-Mann / als ich gleich damals auch in
der Gegend war/sich unterstund in Bauung derselbigen Fund-Grube fort zu fahren/in Meynung/daß
weil sie so lange nach ihrer ersten Oeffnung stille gelegen / die böse Eigenschafft wol außgewittert seyn
würde. Dieser Versuch kostete noch zween Indianern das Leben/darauff sie die Arbeit verbohten/und
biß auff diesen Tag/auch solches gethan haben/wor-
über ich mich nicht so sehr verwundert/als da ich mit
meinen Augen gesehen/daß da der Grund in unterschiedlichen andern Theilen dieses Gebirges eine
grosse Weite von vorgemeldtem Bergwerck geöff-
net/uñ sie kaum einer Ruhten oder Klachter tief hinein gegraben/ein solcher Gestanck aus dem Grunde
herfür kam/daß die Arbeiter davon abstehen müssen.
Und als ich etliche wenig Tage hernach bey diesen
Schacht vorbey ging/sahe ich unterschiedliche Vö-
gel und Schlangen in demselbigen todt liegen / welche von diesem gifftigen Gestanck waren vergifftet
worden. An der andern Seiten dieses verbohtenen
Berges (biß so lange die Göttliche Versehung den
Weg zu dessen Bearbeitung bahnen wird) sind
Wohnhäuser gebauet/und eine Mühle/die Metallen darinn zu putzen oder klein zu stossen/nahe einem
Morast/aus welchem an jedweden Orte / da sie in
dem festen Grunde diese Gebaue zu legen/außgedei-
chet oder außgedämmet/ebenmäßig ein solcher Ge-
stanck/wie allbereit beschrieben / außgebrochen / der
aus dem Grunde kam / und bradenete aus wie ein
Keller voller Must / und war uns sehr widrig und
schädlich/ob wir schon dabey in freyer Lufft stunden.

　　　　　　　　　　　　　　　　　In

In der berühmten Gegend der Bergwercke Verenguela de Pajages, darinnen die Indianer ein
Patent oder Befehl zu graben erlangeten / ehe daß
das in Rotoſi im Gebrauch war / weil deſſen Ertz-
gänge vil reicher als die in Potoſi geſchätzet / auch
in der Probe alſo befunden worden/und die allda ge-
fallenen Ertze keinen in Indien etwas bevor gaben.
Auff dem Berge in derſelben Landſchafft / welcher
Sancta Juanna heiſſet / traff ein Bergmann einen
ſehr reichen und überflüßigen Silbergang an / und
als er mehr dergleichen zu entdecken ſich bemühete/
nahm er ihm für eine Hôle/ in einem alten Schacht
durch zu brechen/und ließ zween Indianer daran ar-
beiten/welche aber/als ſie nach einigen Schlägen einen Raum dazu gemacht / kam ſo ein Peſtilenziali-
ſcher Geſtanck darauſſen/ der die zweene Italiäner
auf der Stelle tödtete/ und meiſſentheils die andern/
welche eine ziemliche Weite von ihnen in dem Bergwercke wären/erſtarrend machte / die nichts deſto-
weniger herauß lieffen/und ihrem Meiſter/was ſich
zugetragen hätte / erzehleten: Er machte ſich geſchwind hinab in die Ertz-Grube/in Hoffnung ſeine
Indianer zu retten/ aber er fiel bey dem erſten Ein-
gang in den Grund / von der Leiter darauff er hinein
fuhr/todt darnieder / und blieb ſein Leib allda liegen/
weil kein Menſch ſich hinein zu gehen wagen / und
ihn zu begraben von dannen holen wolte.

In einer andern Fundgrube in eben dieſem Ge-
birge/an deſſen Boden ſahe ich einen dicken Dampf
oder gifftige Witterung herfür brechen / ſo ein er-
ſchreckliches Geräuſche machte/ und war dermaſſen

A 4   von

von einer so bösen Eigenschafft / daß er einen / der
lange in der Fundgruben stehen wollen / genugsam
tödten konte. Er löschte die Lichter aus / so wir sie nahe zu ihm hielten / welches ein gewisses Zeichen einer
vergiffteten Lufft ist / wie solches durch beständige
Erfahrung von allen Berg-Leuten also befunden
worden / und deßwegen mehr Erkundigung davon
billig eingenommen werden soll.

Das 3. Capitel.
Wie man die Erde am Geschmacke
erkennen solle.

DEr Künstler lässet in Erkäntnüß
der Metallen / ehe daß er sein Urtheil davon
gibt / nichts unversuchet / welches zu seiner
Unterricht sonderlich dienen möge. Und deßhalben
gebraucht er sich auch seines Geschmacks / welcher e-
ben so wohl als der Geruch / die Reinigkeit der Metallen zu erkennen gibt.

Reine Erde hat keinerley Geschmack / die Erde
aber / welche mit Mineralien vermischet ist / hat gemeiniglich einen übeln Geschmack / weil fast kein
Mineral ist / das nicht verbrandt sey / und sie sind alle trocken / dahingegen die Feuchtigkeit der rechte erste Anfang eines süssen guten Geschmacks ist.

Nachdem nun die Erde / welche eine solche Vermischung in ihr hat / auch größten Theils dergleichen
Art Metallen in sich zu haben beschaffen ist / so soll
der fürsichtige Berg-Mann auch die Probe durch
das Kosten machen / und das für eine gewisse Warheit halten / daß Gold und Silber / wie auch andere
Me-

Metallen/ so wol offtmals in Gestalt einer Erden/
(welche in der Spanischen Sprache Lampos ge,
nennet wird/) als in Steinen und Ertz gefunden
werden.

Den Geschmack der Erden kan man erlangen/
wan man sie in einem sonderlichen Wasser ein,
weichet/und fürnemlich/ so man sie auffs Feuer se,
tzet/und ein paar mahl auffsieden/ und hernach wie,
der kalt werden lässet / dadurch man denn die Ver,
mischung oder den Safft/ den sie bey sich hat/erken,
nen kan: Wer aber diese Probe nicht gut heissen
wolte / der mag das Wasser von der Einweichung
wesentlich und sichtbarlich scheiden / wie an seinem
Ort soll angezogen werden / wann wir zu der Zube,
reitung der Metallen/ sie zu nutze zu machen/ kom,
men werden.

Das 4. Capitel.

Von den Nahmen und Gebrauch
etlicher Erden.

JN den Natur Büchern sind etli,
che Arten der Erde sehr berühmt wegen der
Wirckung/ welche sie an den menschlichen
Leibe erweisen: Es ist aber nicht undienlich/daß der
Bergmann sie zu unterscheiden wisse/wann sie ihm
auff seinen Wegen fürkommen.

1. Lemnische Erde (welche also von der Insul
Lemnos/ woselbst sie gefunden wird/ ihren Nah,
men hat) ist recht roth/ und dem rohten Ocker oder
Berg,Erde/ oder der Mennige gar gleich / jedoch
A 5   hat

hat sie diesen mercklichen Unterscheid / daß sie die
Finger / wann sie damit angerühret werden / nicht
färbet / wie die andern thun. Sie wird so theuer als
Gold geschätzet / und verkaufft so viel sie dessen wieget. Die eine Ursache / daß sie so theuer / ist / weil sie
so seltzam in der Welt ist / die andere / weil nur an einem Tage in dem Jahre / wie sie ihnen abergläubisch
einbilden / dieser Art Erde allein ihre Tugend hat / gegraben wird: das ist eigendlich auff den 6/16. Au-
gusti. Sie ist eine treffliche Artzney wider alles Gifft
und die Pest.

2. Die Erde / die man gemeiniglich Bolum ar-
menum heisset (von der gemeinen Meynung / daß
dieselbige in Armenia allein gefunden werde) ist der
jetzt gemeldten Lemnischen Erde gantz gleich / allein
daß sie nicht roth ist / sondern bleich-roht / weiß oder
fahl. Sie wird sehr fürtrefflich gut / und in grosser
Menge in den West-Indischen Bergwercken gefunden / und sonderlich in dem reichen Gebirge Potosi, und sind bey denen zu Oruro unterschiedliche
der Meynung / daß diese der gemeine Bolus sey / welcher Dioscorides Rubricam Synopicam heisset:
und daß der Bolus Armenus die rechte Lemnische
Erde sey.

3. Sind zwo Arten der Tritrianischen Erde / eine gantz weiß / die ander Aschen-färbig / diese letzte ist
die beste / und wird erkennet / wann man sie auff
ein blanck Kupffer reibet / da sie denn eine Viol-brau-
ne Farbe nach sich lassen wird. Sie hat die Tugend
das Blut zu stillen / und die Wunden zu kühlen und
zu heylen.

4. Die

4. Die Samiſche Erde iſt eine licht-weiße Erde/und wird an der Zunge ankleben/ſo man ſie damit berührt.

Sie iſt brüchig und ſchmelzet doch nicht.

Es iſt auch noch eine andere Art derſelben / die man Aſter nennet / dieſe iſt feſt und hart/ als ein Stein.

Alle beyde haben eben die Tugend/wie die Eritrianiſche Erde/nemlich/daß ſie fürtrefliche Arzneyen wider Gifft und der Schlangen-Biſſe ſeyn.

5. Die Erde/ ſo Chia geheiſſen wird / iſt weiß/ und ziehet ſich auff Aſchen-Farbe/der Samiſchen Erde ſehr gleich/und hat eben derſelben Tugenden; und über dem /ſo vertreibet ſie die Runzeln des Angeſichts/und gibt gute Geſundheit.

6. Selinuſianiſche Erde hat eben die Eigenſchafften/als die jetzt gemeldte. Die beſte Arth derſelben iſt/welche viel glänzet/iſt weiß uñ brüchig/ und zergehet gar geſchwind im Waſſer.

7. Cimoliāniſche Erde iſt weiß / (wiewol eine Art derſelben verhanden/ welche etwas purpurfärbig iſt) Die beſte iſt/welche am fetteſten / und gar kalt in eines Hand iſt/ ſie zertheilet die Beulen und kleinen Geſchwulſten/ und im Fall eines Brands bewahret ſie das Fleiſch vor Entzündung.

8. Die Poigitiſche Erde iſt eben meiſt an der Farbe wie die Eritrianiſche/wird aber in gröſſern Stücken gefunden: ſie kühlet und erfriſchet die Hand/die ſie anrühret/und ſo man daran lecket/wird ſie hart an der Zunge ſich anhängen. Ihre Tugenden ſind wie der Cimolianiſchen Erde.

9. Die

wie die Eritrianische / sie ist aber etwas rauh/ und
gibt ein Gereusch zwischen den Fingern / wie ein
Pimbstein: Sie hat die Tugend wie Alaun/ (aber
sehr schwach/als man an dem Geschmack verspüren
kan) sie wird aber die Zunge etlicher massen trocken
machen. Sie reiniget den Leib/ erhält ihn in gutem
Stande/und vertreibt das Jücken.

10. Von der Erde/die Ampelites heisset/ ist die
schwärtzeste die beste. Wann sie mit Oel gerieben
wird/so solviret sie sich leichtlich / und hat eine küh-
lende und zertheilende Krafft; also braucht man sie
auch die Haar damit zu färben: Sie ist gantz här-
tzig wie ein Gagatstein.

Cardanus thut unter seinen Geheimnüssen noch
von einer andern Erde Meldung/ so vorzeiten Bri-
tanica, oder Britannische Erde / von der Land-
schafft/darin sie gefunden wird / genennet werden;
darnach man gar tieff/wie sie vorgeben/graben mü-
ste/ehe man darzu kame. Diese war weiß/und nachdem sie die Schale / darin sie enthalten/ darvon ab-
gesondert / düngeten sie ihre wüsten Aecker mit der
Erde / welche dadurch die folgende 100. Jahre
fruchtbar gemacht wurde.

11. Aus den Insulen in der Süder-See nicht
weit von der Stadt Arica / bringet man ein Erde/
welche eben die Wirckung thut / als die jetzt vorher
gemeldte: Sie wird genennet Guano, (das ist/
Mist) nicht darumb / weil sie der See- oder Meer-
Vogel Koth ist/wie etliche solches verstehen wollen/
sondern wegen ihrer wunderbahren Krafft die ge-
pflügten Aecker fruchtbar zu machen. Sie ist leicht
und

und locker / die aber auß der Jnsul Iqueyque gebracht wird/ist einer schwartz-grauen Farbe/fast wie
ein klein geriebener Toback/wiewol sie auch von andern bey Arica gelegenen Jnsulen eine weiße Erde
bringen/die etwas weißgrau außsiehet/und eben dieselbe Krafft hat. Sie färbet alßbald das Wasser/
darein sie geworffen wird/als wäre es die beste Lau-
ge/und riechet sehr starck/ die Eigenschafft und Tugenden dieser und viler andern schlechten Erden in
der neuen Welt können grossen Anlaß und Gelegenheit Sinnreichen Personen ihre Philosophische
Discourse und Reden darüber anzustellen geben/
wann sie ihre Sinnen.und Verstand mehr die Warheit als Reichthum zu suchen anwenden wollen.

Das 5. Capitel.
Von den Berg-Säfften/und erst-
lich von Alaun.

DJe zusammen gesetzten Dinge in
deu Eingeweiden der Erde/sind entweder
die sich schmeltzen oder nicht schmeltze lassen.

Diese/die sich nicht schmeltzen lassen/ sind hart/
und werden Steine genennet/oder sind weich / und
lassen sich leichte in kleine Stücken zermalmen/ und
heissen Erde.

Welche sich schmeltzen lassen/sind solche/die nach
dem sie durch die Gewalt des Feuers geflossen/dich-
te werden und sich hämmern lassen: und diese sind
Metallen; etliche aber sind solche / die diese Eigenschafften nicht haben / und dieses sind die / so man
Berg-Säffte heisset.

Von der Vermischung der vier zuvor gedachten
Ge-

Geſchlechte der Componirten oder zuſammen ge-
ſeßten Dinge/werden Eilff andere Berg-Arten o-
der Mineralien gemacht/und nicht mehr. Dieſe/
welche durch Kälte hart werden / werden durch die
Hiße wider weich/als der Schwefel; die aber durch
die Wärme hart werden/ſolviren ſich wieder in der
Kälte und im Waſſer/als Alaun/Vitriol/Salß und
dergleichen.

1. Welche von den einfachen Arßneyen ſchrei-
ben/die reden von unterſchidlichen Arten der Alaun/
die rechte Alaun aber iſt dieſe / welche man Stein-A-
laun nennet / darunter etliche weiß und durchſchei-
nend iſt wie Glaß/ andere ziehet ſich auf etwas roth/
und die hat die beſte Kraft/ und iſt treflich zuſammen
zihend/und wird derhalben von den Griechen Eſty-
pteria genennet.

Nach des Galeni Meynung im 4. Buch von
der Eigenſchafft der einfachen Dinge / ſoll ſie einer
kalten Eigenſchafft ſeyn/weil alle aſtringirende und
zuſammen-zihende Dinge alſo ſind / und ſchreibt
demnach Rapeſciſca, daß ſie kalt ſey in dem andern
Grad / wann ſie in der Quinta Eſſentia des Rag-
mundi infundiret werde. Aber Dioſcorides und
viel andere ſagen/ daß ſie einer hi-ßigen Eigenſchafft
ſey wegen ihrer Wirckung; derer Urſachen aber
zu unterſuchen/ wil ſich allhie nicht füglich ſchicken.

2. Die Alaun/ſo man Eſayola nennet / iſt kein
Berg-Safft / ſondern einerley mit der Samiſchen
Erde/welche die Alten Aſter geheiſſen haben.

3. So iſt auch das Alumen Sciſcile oder plu-
moſum (Feder-weiß) kein Safft/ dafür es doch in
den

den Apothe<en gehalten wird / ſondern es iſt der
Stein / den man Amianthus nennet. Dieſer iſt
nicht zuſammenzihend am Geſchma<k / wird au<
nicht im Feur verzehret / ob er ſchon gar lang darin
gehalten wird / wel<es denn die ſonderbahren Eigenſchafften des Amianthi ſind.

4. Das Alumen Catino, wird von der Aſchen
des Krauts Anthide oder Soſa (Soda) Barilla ; o-
der des Krauts/ daraus ſie Glaß ma<en/gema<t/
davon ſie ein groſſer Uberfluß in der Gegend Oruro , und an vielerley Orten bey dem Fluß Longa-
Sollo zu finden.

5. Das Salz / wel<es von den Weinheſen ge-
ma<t iſt / oder von den biß auff die weiſſe calci-
nirten Weinheſen / wird glei<er geſtalt Alaun genennet.

Weſt Indien hat einen groſſen Uberfluß an A-
laun / wie au< an allerley Berg-Arten und Mineralien. In dem Berg-Wer< zu Lipes nahe bey
Coloſa der Haupt-Stadt deſſelben Landes/habe ich
einen Alaun-Gang gefunden; noch einen andern
habe ich geſehen in den warmen Bädern zu Ventil-
la, in dem hohen Wege zwiſchen Oſaro und Chay-
ante, allda ſahe ich das rechte Alumen Sciſſile oder
;plumoſum, mit allen Eigenſchafften/wie es Dioscorides beſchreibet. Dergleichen Art Alaun wird
nach Potoſi gebracht/aus einem andern Bergwer<
nahe bey Porco Aylo. Und in vilen andern Orten
iſt dergleichen: ſo könte au< deſſen wol in der Stadt
Potoſi gema<t werden/ wann ſie die Waſſer de la
Quebrada oder Quayco de Sartrage, wel<e mei-
ſtens ganz Alaun ſeyn/einſieden wolten. Das

Das 6. Capitel.

Von dem Kupffer-Wasser oder Vitriol.

Er Vitriol ist ein Mineralisch Wesen/ dem Alaun gar gleich / sie werden auch offtermahls miteinander vereiniget gefunden.

Die Art und Weise dieselben von ein ander zu scheiden/ ist/ daß man die Lauge/ welche von dem Stein oder der Erde/ die das Mineral in sich hält/ in siedenden Urin geußt/so wird sich der Vitriol von der Alaun scheiden und zu Grunde fallen/die Alaun aber bleibet zurücke und schwimmet oben auff. Der Vitriol ist scharff und beissend am Geschmack/ und einer zusammen ziehenden Eigenschafft ; weßwegen unterschidliche ihm die Eigenschafften des Schwefels/Eisens und Kupffers/wie auch die Tugend des Alauns/die Subtilität des Salpeters/und die Trockenheit des Saltzes zu eignen.

Etliche Alchimisten haben geschrieben / daß die verborgenen Tugenden des Steins der Weisen in diesem Mineral begriffen wäre/ dessen Name Vitriolum heisset/und zu dem Ende machen sie einen solchen Spruch/der jedwedes Wort mit einem von diesen Buchstaben anhebet/ nemlich : Visitabis Interiora Terræ Rectificando Invenies Lapidem Veram Medicinam. Raymundus saget / daß es in dem Golde gar nahe verwandt sey/und einerley Ursprung und Anfang mit demselbigen habe. Und

es

es mag seyn/ daß das die Ursache ist / daß etliche
für gewiß sagen/ daß er ein Zeichen eines Gold-
Ganges sey/ wie wohl die Erfahrung in diesen
Ländern damit nicht überein stimmet. Er wird
gemeiniglich bey dem Kupffer gefunden/ und in
grossen überfluß mit dem schwartzen Metall welches dessen auch viel mit sich führet / und daher
den übeln Geruch nimpt den es in der Arbeit hat.

Es ist eine gar feine Gattung des Vitriols/
welchen die Spanier Copaquiras heissen / und
der beste und reineste unter allen ist der/ welchen sie
Piedro Lipas nennen /von dessen Fundgrube so in
derselben Landschafft gefunden wird / wie wohl
vor wenig Jahren ein sehr reicher Gang desselben
in der Landschafft Acarama entdecket worden/
welcher grün an der Farbe ist / der von Lipa aber
ist blau. Es ist auch ein weisser und gelblichter
Vitriol den die Mahler gebrauchen; und haben
unterschiedliche Farben desselben auch verursachet/
daß ihm mancherley Nahmen gegeben worden.
Von dieser Berg-Arth sind auch die jenigen
welche die Spanier Myfi, Sori, Calchitis und Me-
lanteria nennen.

Es ist über dieses/ des Vitriols Temperament
und Eigenschafften wie über des Alauns genug
disputiret worden; Etliche die da nicht wollen zugeben / daß er warm in dem dritten Grad sey/
wollen gleichwohl auch nicht daß er solches sey in
dem vierdten Grad; andere sind hingegen in der
Meynung des Joh. de Rupecilla (welcher meines

B

nes Erachtens dem Reymundo nachfolget) daß
er in dem dritten Grad kalt sey.

Es ist ein Wunder dessen Krafft und Wirckung in dem Aqua-Fort oder Scheide-Wasser/
in welchem alle Metallen wie ein Salß zerflies-
sen und zu Wasser werden/ zu sehen/ und ein Au-
genscheinlicher Beweiß der Müglichkeit die Metallen eines in das ander zu verwandelen; denn
mit Vitriel so in Aqvafort solviret worden/wird
ohn all ander Kunst Eisen/ Bley und Zinn zu
feinen Kupffer so verlieret auch das Silber seinen
halt und wird gleichfals in Kupffer verwandelt
mit geringer hülffe eines andern Metalls/welches
leichtlich zu erlangen ist.

Durch die Gewalt einer sehr hefftigen Hiße
wird ein Oehl von dem Vitriol außgezogen/das
Vitriol-öhl genennet wird/ und von wunderbahren Tugenden ist.

Es werden zweyerley arten des künstlichen
Vitriols gemacht/ blau und grün/ durch vermischung Eisen/ Kupffers und Schwefels/ die
zusammen ins Feuer gesetzet werden.

Hernach sol auch erkläret werden/ wie und
was für Schaden der Vitriol in der Außarbeitung der Metalle verursachet/ davon man biß anhero keine Erkäntnüß gehabt.

Das 7 Capitel.
Von dem Salß.

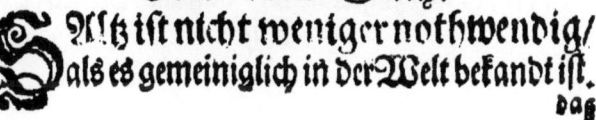

SAlß ist nicht weniger nothwendig/
als es gemeiniglich in der Welt bekandt ist.

Das Mineralische oder Berg-Saltz hat eben die
Tugend/ als das/ so auß dem Meer-Wasser/oder
der Sole / oder Saltzbrunnen gemacht wird.
Der einige Unterschied ist/ daß das Mineralische
oder Berg-Saltz dichter und fester/und da es er-
fodert wird/ mehr zusammen ziehend/ und nicht
so leicht in dem Wasser zu solviren ist / als das
gemachte Saltz.

Die Landschafften in West-Indien sind eben
so überflüssig am Saltz/ als an Metallen. So
coaguliret sich auch ein Stück des Meers zwischen Lipes in ein Cristallinisch Saltz. Wie
auch die Saltz-brunnen die da Garci Mendoza
heissen / eines von den meist merckwürdigsten
Wundern dieser neuen Welt seyn. Diese
Saltzbrunnen werden Garci Mendoza genennet wegen ihrer Grösse/ dieweil sie viertzig Meilen
lang und auffs genaueste sechszehen breit / und
auch / weil bißweilen mitten in demselben raum
wie es denn geschicht / Springbrunnen entdecket
werden/ welche keinen Grund haben / und eine
grosse menge Fische darin geschehen werden. Es
ist sehr gefährlich über diese Weite oder Boden
zufahren/ auß besorge das Gesicht der Augen zu
verlieren/ weil der grosse Glantz der Sonnen-
Strahlen auff diesen Crystallinen Ort einem
die Augen verblenden / ob sie schon mit einem
schwartzen Taffet überhenget und beschirmet
sind; es ist auch Lebens-gefahr auff dieser Reise
in dem es sich zugetragen/ daß die Reisende so

über diesem Orth gangen / sampt ihren Pferden
und allem verschlungen worden / und kein
Spur-zeichen von ihnen hinter lassen haben.

In den Lipes vier Meilen vom Bergwerck
S. Christoph de Achocolla ist ein kleiner See
auff der Spitze eines kleinen Berges in einer Gegend die sie Tumoquisa heissen; mitten in dieser
See siedet oder kochet das Wasser/ und prudelt auf
bißweilen mehr/ bißweilen weniger und machet
ein erschrecklich Geräusche. Ich gieng auß Begierde solches zu sehen dahin / und befand das
Geräusch und die Bewegung desselben so erschrecklich / daß nicht ohn Ursache ihrer wenig
sind/ welche sich unterstehen dürffen nahe zu dessen Bezirck zu kommen; das Wasser ist dergestalt dicke/ daß es mehr einem Schlam als Wasser ehnlich siehet; daselbst ist ein kleiner Canal
oder rinne darüber es läufft/ und das Wasser so
herauß kömpt wird alsobald zu rothen Saltz/
wenn es in kleinen Röhren hinrinnet. Dieses ist
ein mächtig scharff und strenges Saltz und hat
zweyfache Krafft des gemeinen Saltzes in der
Arbeit der Metallen.

Es ist auch befunden worden / daß es ein für-
treffliches Mittel wider die rothe Ruhr sey; vielleicht hat es in ihm eine Vermischung von der
rothen Alaun / welches beydes die Farbe und der
Spiritus giebt. Gar nahe bey diesem See lauffet eine Jüden-Stein-Ader und die Gegend herumb ist voller Kupffer-Gänge.

Andert-

Anderthalb Meile von Julloma in der Landschafft Pacages sind viel Saltzquellen / welche
wenn man sie außgiesset auff den Boden/ werden
sie in kurtzer Zeit ohn aller Kunst hülffe zu reinen
weissen Saltz welches sie in grosse Saltzhauffen
zusammen schütten / biß die Winter-Regen es
aufflösen und weg schwemmen. In eben dieser
Landschafft nahe bey Caquingora sind mehr
Saltz-brunnen/wie die vorigen/ und dergleichen
sind in unterschiedlichen Orthen mehr. In diesen Theilen wird ein grosser Uberfluß von Saltz-
Bergwerck oder Stein-Saltz gefunden/ welches
fest und durchscheinend ist / wie der reineste Cry-
stall. Julloma hat in sich auch sehr viel Saltz-
gänge von dieser Arth. Viel Jahr hero haben
die Einwohner in Curaguera de Carangas sich
mit Außgrabung des Stein-Saltzes bereichert
und in wenigern Jahren her haben sie ein solches
Saltz-bergwerck entdecket bey dem Fluß Langa
Collo ; aber die Saltz-Bergwercke zu Yocalla,
welche Gott nahe bey dem reichen Gebirge und
Stadt Potosi, dem nichts an allem/ was zu Außarbeitung der Ertze nöthig ist / gebricht/ geben einen solchen Uberfluß am Saltz/ daß unglaublich
ist. Davon täglich in Schmeltzung der Metallen zum wenigsten 1800 Centner verbrauchet
werden; und diese Verbrauchung hat schon viel
Jahrlang gewähret.

Uber den gemeinen Tugenden des Saltzes die
jedweder kennet saget Arnoldus de Villanosa in

B iij   seinem

feinem Buch von Erhaltung der Jugend / daß
das Stein-Saltz über alle andere Dinge in der
Welt zu diesen Vorhaben diene. Er nennet es
das Mineralische Elixir, und schreibet daß es præ-
pariret werde mit solchen Dingen welche daßelbe
nicht schwächen/ noch dessen Eigenschafften verändern. Er nennet aber nicht die Ingredien-
tien/ noch auch die Arth und Weise / wie es zu
machen.; Johannes Beguinus lehret in seinem Tyro-
cinio Chymico, wie man ein Oehl darauß
ziehen soll/ das von überauß grosser Tugend und
Krafft sey; und saget/ das was man auch in dem
selben liqvore verwahren werde / das werde viel
hundert Jahr vor der putrefaction und Faulung
erhalten. Und glaubet daß der Leichnam der
schönen Frau (davon Raphael Volateranus
redet) die man zur Zeit Pabst Alexandri des
Sechsten in einem alten Grabe so frisch als wañ
sie erst gestorben wäre gefunden/ mit diesem Oehl
sey unverweßlich erhalten worden / denn wie auß
der Grabschrifft zuersehen/ so war sie 1500.Jahr
zuvor daselbsten begraben worden.

Das 8. Capittel.
Von dem Sal Ammoniac und andern Saltzen.

Nter allen Saltzen/ welches die
Natur am seltzamsten herfür bringet/aber
von

von der gröſten Krafft und Tugend iſt / iſt das
Sal Ammoniacum, welches ingemein Salarmo=
niac genennet wird / und auß dieſem Nahmen
ſchlieſſet man / daß es auß Armenia herkomme;
dieſes aber iſt nicht ſein rechter Nahme / ſondern
Ammoniac, welches in Grichiſcher Sprache be=
deutet Sand=Saltz / oder Saltz des Sandes/
und wird unter dem Sand (verſtehe am Strand
des Meers) in kleinen Stücklein durch ſeine in=
nerliche Hitze und dem unauffhörlichen Bren=
nen der Sonnnen coagulirer gefunden / und ſo
ſehr dörret/ daß es am Geſchmack die allerbitter=
ſte Gattung unter allen Saltzen iſt.   Die Gold=
ſchmiede gebrauchen ſich deſſelben mehr als die
Aertzte.   Es iſt eines von denen / die man die
vier Spiritus oder Geiſter heiſſet / weil das Feuer
daſſelbige in Rauch verwandelt und es alſo da=
von fliehet.   Die andern dreye ſolcher Geiſter ſind

       1. Qveckſilber
       2. Schwefel
       3. Salpeter.

   Es hat eine ſonderbahre Eigenſchafft die Far=
be des Goldes zu erhöhen / und wenn es zu dem
Aquafort oder Scheidewaſſer geſetzet wird / ſo
ſalviret es daſſelbe.

   Biß auff dieſen Tag habē wir wenig Erkántniß
von dem rechten Salniter/ ſo voralters von dem
Waſſer des Fluſſes Nili gemacht worden? Wie=
wohl Albertus Magnus ſaget/ daß in Goßlar ein
Gebirge geweſen / welches ein ſehr reich Kupffer

         B iiij   Berg=

Bergwerck gehabt / und wenn das Waſſer daß an dem Boden deſſelben herauß gefloſſen einge-trocknet worden / ſo ſey Nitrum oder Salpeter darauß geworden. Wir wiſſen auch wenig von dem Aphronitro, welches nichts anders als der Schaum des Salpeters zu ſeyn ſcheinet.

Borax welcher von den Spaniern Chryſolica und Atincar genennet wird / iſt ein durch Kunſt gemachte Art des Salpeters / und wird von Urin in der Sonnen hitze zuſammen getrieben in einer Kupffern Pfanne / mit einem Kupffern Spatel biß es dicke wird und ſich coaguliret; wie wohl andere es auch von Salarmoniac und Alaun machen.

Salniter iſt bitterer als das Saltz / aber we-niger geſaltzen. Salpeter iſt das Mittel zwiſchen dieſen zweyen / und beſtehet auß gar trockenen und ſubtilen Theilen / es wächſet an den Wänden der alten Häuſer / und in Ställen / Kühſtällen / Schweinſtällen und Tauben Häuſern. Es wächſet wieder in eben derſelben Erde / darauß es gezogen war / ſo die Erde zu hauffe geſchüttet / geſchonet und in acht genommen wird; oder ſo d:e ordentliche Erde auff hauffen geworffen / und mit Saltz-waſſer begoſſen / ſo wird es nach etli-chen Jahren einen groſſen Zuwachs geben / ſo nutzbahr als ein Land voller Getreidicht.

Wie ſolches zu Bereitung des Buchſen-Pul-ſers und Aquaforts gebrauchet wird iſt ſehr wohl
bekandt

bekand / man gebraucht es auch die Metallen
zu ſchmeltzen wie hernachmahls ſoll angezeiget
werden.

Das 9. Capittel.

Von den Berg-Säfften oder Berg-Hartzen welchen die Spanier Betunes nennen.

Er Bergſafft iſt eines von denen
Dingen welches allen Metallen den meiſten Schaden thut / ſonderlich wenn ſie
geſchmöltzen werden / weil ſie dieſelben verbrennen / und zu Schlacken machen / wenn ſie nicht
zuvorher von den Berg-Säfften gereiniget ſeyn /
ehe ſie in ein gewaltſames Feuer geſetzet werden.
Dieſer Bergſäffte ſind zwölff Arten oder Gattungen als nemlich:

Alphaltum Jüdiſch-Pech oder Ju-
den Leim /

Piſſaſphaltum
Stein-Oehl oder Naphta
Gagalos oder Agatſtein /
Azabache
Ampelites,
Maltha
Piedra Thracia
Steinkohlen

B v   Am-

Ambas de Cuertas oder Börnstein/
Ambra, wohlriechender Ambra,
Alcantor, oder Kampher.

Es werden aber wenig von diesen Arthen mit
den Metallen vermischet gefunden.

Alle Berg-Hartze sind das Oehl oder das Fett
der Erde. Und ob schon etliche der Meynung
sind / daß der Kampher die Thränen oder das
Gummi des Baums Capar sey in der Insel Ze-
bat, und der Börnst ein von einem andern Kraut
Poleo auf Spanisch genandt/ daran es gemeinlich anklebend gefunden wird; und von dem
wohlriechenden Ambra schreiben daß er seinen Ursprung von einem grossen Fisch in dem Meer / so
einem Walfisch gleich seyn soll / habe / weil eine
grosse Gleichheit zwischen demselben und dem
Sperma Ceti ist/ so hindert doch dieses keineswe-
ges/ daß solche Substantzen oder Wesen einem
Schweiß gleich seyn/ der gleichsam von der Erde
herfür komme und diese Säffte so Berghartze
genennet werden / mache.

Asphalto oder Jüdisch Pech wird gefunden
in dem See zu Sodom oder dem todten Meer in
Judea darein der Fluß Jordan fliesset drey Meilen von der Stadt Jericho. Es ist nichts anders als ein öhlichter oder feister Schaum der
oben auff dem Wasser des Sees schwimmet und
von dem Wind und den Wellen an den Strand
getrieben und allda condensiret und harte wird?
Es ist gleich dem Pech aber härter und von besserer
Far-

Farbe. Ehe das Gott diese verfluchte Städte So-
dom/ Gomorra/ Adama und Zeboim umbgekeh-
ret/ hatte dieses fruchtbare Thal wenig dieses Har-
tzes in sich/ wie auß den 14 Cap. des 1 Buchs der
Schöffung kan abgenommen werden.

Dieses wird auch in viel andern Orthen und
Ländern gefunden/ unter denen etliche dasselbe zu
lichten/ an stat des Oehls gebrauchen. Und ob
schon die Leute in Peru sich nicht sehr bekümmert
haben weiter darnach zusuchen als nur sie ihr
Gold- und Silber-Ertz auffs beste auß arbeiten
möchten/ jedoch ist auß der Menge derselben/
welche die Indianer bringen bekandt/ daß sie
in der Cordillera de la Chiriguanes auff den Grentzen Lomnia verhanden ob sie schon wenig Zugang darzu haben/ weil sie unter der Gewalt der
Indianer sind/ welche mit den Spaniern stets
Krieg führen;

Das Pißasphaltum ist ein natürlich zusammen
gesetztes Wesen auß Asphalto und Paz, welches
die Farbe desselben anzeiget; und auß Mangel
des rechten natürlichen Pißasphaltum machen sie
dasselbe auß diesen zwo Materien nach.

Das Naphta oder Stein-Oehl ist eine schwefelichte Feuchtigkeit/ bißweilen weiß/ und bißweilen auch schwartz; und ist dasjenige was man
Petroleum oder Stein-öhl nennet/ welches wun-
derliche Krafft hat die alten Schmertzen zu stillen/
die von kalten Ursachen herrühren. Es ziehet das
Feuer an sich/ wie der Magnet das Eisen/ mit
sol-

solcher Gewalt/ daß es Feuer fangen wird / ob es
schon eine ziemlich grosse Weite von der Flamme weg ist / wie solches die klägliche Erfahrung
des Graffen Hercules de Icontrary in der Landschafft Ferrara bezeuget/ welcher einen Brunnen
in seinem Gebiet hatte dessen Wasser mit Petroleo
oder Steinöhl vermischet war / und weil der
Brunnen zerbrochen oder von einander gerissen
war/ und viel dieses Wassers zu nichte ging / be-
fahl er solchen wieder zu machen? Der Arbeiter
der auff dem Boden des Brunnens hinabgelas-
sen ward/ begehrte ein Licht seine Arbeit destobes-
ser zu besehen / welches ihm auch in einer Laterne
gereichet ward / da hat das Stein-öhl durch die
Löcher der Laterne die Flamme geschwind an sich
gezogen und den gantzen Brunnen in Feuer ge-
setzet/ welches alsofort / wie ein groß Stück-ge-
schütz loßgangen / und den armen Mann in
in stücken geschlagen/ auch eine holtzern Hand-
habe/ die über den Brunnen hinge mit in die Höhe geworffen/ der Graff selber hat diese Geschicht
dem Mathiolo erzehlet welcher sie in seinem Dio-
scoride mit eingeführet hat.

Jüdisch Pech und Pißasphaltum fliesset im Feuer wie Pech oder Wachs / und darin werden sie
von dem Gagat-Stein oder Alcabache und auch
von der Stein-Kohle unterschieden/ welche von
sich selber brennen und sich verzehren / wie ein
Kühn-holtz oder etwan ein ander arth Holtz.
Sonsten habe ich nicht gehöret/ ob auch noch andere

bere Berg-hartze in diesen Ländern seyn / wie
wohl ich mir einbilde / daß derselben wohl mehr
seyn mögen/ wenn man weiter darnach suchte.

Das 10. Capitel.
Vom Schwefel oder Antimonio.

DEr Schwefel ist eine Berg-Arth
oder Mineral, daß meist jederman bekand
ist. Er ist gemacht auß einer irdischen
Substantz/ und im solchem Grad heiß / daß es
unter allen zusammen gesetzten Substantzen in
der Arth dem Element des Feuers am nechsten
gehalten wird. Die Chimisten nennen es den
männlichen Samen und die führnehmste wir-
kende Natur in aller Gebährung/ und sagen/ daß
der Unterscheid eines Dinges von dem andern von
unterschiedlichen Zubereitungen und Vermischungen des Schwefels und Queckilbers herrüh-
e. Es ist einem Apotheker wiederfahren / daß
als derselbe ein Plaster so auß diesen beyde Mate-
ialien zusammen gesetzt war/ machen wollen / er
gefunden daß ein Stück fein Silber darauß wor-
en. Nach vielen Betrachtungen dieser Sub-
antz fähret Theophrastus Paracellus fort zu er-
egen die Wunder / die durch den Schwefel
erfür gebracht werden und saget daß Gott durch
ine sonderbahre Versehung diese Geheimnüsse
ver-

verborgen/ welches eine augenscheinliche Wieder=
legung derjenigen ist/ die sich der Verwandelung
der Metallen widersetzen; denn dieses Mineral
verrichtet dasselbe. Er lehret einen Weg ein Oehl
darauß zu machen/ welches Nepos sulphuris ge=
nennet wird so silber in Gold verwandelt. Und
Heliana der Author des Buchs so Disquisitio
genennet wird lehret eben dasselbe mit rohen
Schwefel die Müglichkeit dessen zubeweisen/ ob
schon in kleiner Qvantität. Der Rauch des
Schwefels hilfft das Qveckfilber figiren/ und zu
einem feinen Silber verwandeln/ davon viel Au=
genscheinliche Zeugen in diesen Ländern verhan=
den. Dieser Schwefel/ wenn er in einem Disti=
lierglase distilliret wird/ gibt ein Schwefelöhl
welches von so seltzamer und wunderbahrer Tu=
gend ist/ sonderlich für die Frantzosen so man drey
oder vier Tropffen davon jedweden Morgen eine
Wochen lang in einer darzu bequemen Feuchtig=
keit einnimmet. Es ist guth den verstandenen
Urin zu befördern/ und vertreibet die Schmertzen
der Gicht/ und viel andere Dinge/ wie bey dem
Diodoro Euchiente und unterschiedlichen andern
Authoren zu sehen.

Es ist ein grosser Uberfluß an Schweffel in der
landschafft Lipes, und an den Gräntzen Pacages wie auch in La Pana de Tacora oder Los Altos
de Arica, und in vielen andern Orthen darneben/
er wird mit den Metallen in den reichsten Berg=
wercken in Peru gefunden.

Das

Das Antimonium oder Spießglaß welches
etliche Bergleute mit den Nahmen Alcahole nennen / ſonderlich in Oruro, heiſſen es Macacote;
dieſes iſt ein Mineral ſehr gleich / dem / daß ſie
Sorocha nennen/oder Bley / das gantz poros
iſt. Es gläntzet ſehr/ und iſt brüchig/etliches darunter iſt einer rothen Farbe / und etliches neiget
ſich mehr zur Weiſſe/ und wenn es ſehr fein gra-
nuliret wird / ſo ſiehet es auß wie Stahl der ge-
brochen iſt. Es iſt gemacht auß einer gar verderb-
lichen und unvollkommenen Vermiſchung des
Schwefels und Queckſilbers und ſcheinet daß es
ſey eine Mißgeburth der Natur/und der Anfang/
(embrio) der zu einem Metall werden wollen/
wenn es nicht vor ſeiner Zeit were außgenommen
worden.

Porta Vegino und andere lehren einen Weg
wie man darauß eine Arth Queckſilber ziehen ſolle / das ſie einen Regulum nennen; derſelbe aber iſt
etwas röthlich/ und hat keine ſo lebhaffte Bewegung als das gemeine Queckſilber. Man bekom-
met auch durch Aqva fort einen Schwefel davon / welcher in ſeiner Geſtalt grün an farbe iſt
wie ein gemeiner Schweffel brennet.

Baſilius Valentinus als er in ſeinem Triumpff-
Wagen des Antimonij von vielen Fürtrefflig-
keiten deſſelben geredet/ lehret er hernachmahls / wie
man einen Feuer-Stein Lapis ignis (wie er ihn
nennet) darauß / welcher andere Metallen in
Gold verwandeln ſoll/ Paracelſus ſchreibet auch
viel

viel von eben derselben Wirckung; und ander-
Chimisten sagen einhellig von einem Oehl / welches von dem Antimonio zu eben dem Vorhaben herkommet.   Aber Matthiolus rühmet uns
außgewisser und nöthiger Erfahrung seine Sal-
be / so darauß zu alten Geschwüren und Schä-
den gemacht wird / wie auch dessen andern Gebrauch zur Artzney.

Spießglaß hat eine außtrockende und zu-
sammenziehende Krafft / und dessen zubereiteter
Hiacinth / wie sie es nennen / wird für ein sehr
starcke purgierende und Erbrechen erregende Artzney gehalten.   Dieses Alcahol wird gemeiniglich in dem Silber-Ertz vermenget gefunden / nnd
sonderlich in dem / welches man in Peru schwartz
Ertzt heisset; gleichwohl wird es auch an etlichen
Orten für sich allein gefunden.   Es thut in der
Zurichtung oder Außarbeitung der Metalle grossen Schaden / eben wie die Berghartze und der
Schweffel thun / und deßwegen muß es mit grosser Sorgfalt vorher außgelesen werden / wie hernach angezeiget werden soll.

Das 11. Capitel.
Von Marcasiten, Operment und Sandaraca oder Hüttenrauch.

Marcasit wird auch ein Riß oder
Pyrites genennet / welches so viel heist als
ein

ein Feuer-Stein/weil er/wenn er mit Stahl an-
geschlagē wird/Feuer in grössern Uberfluß von sich
gibt/ als irgend ein ander Mineral/ Etliche
wollen/ daß er ursprünglich herkomme von einem ungekochten Dampf/ andere/ daß er von
einer bösen art Schwefel oder Berg-Hartz und
Stein zusammen gesetzet sey; er wächset in allerhand Bergwercken/ sonderlich aber/ wo Kupffer und das schwartze Silber Ertz bricht/davon es
viel antheil hat/ und vielleicht ist das die Ursache/
warumb Dioscorides saget daß der Marcasit ein
geschlecht des Kupffers sey; und ungeachtet Albertus und andere gedencken/ daß der Marcasit kein Metall in sich habe: jedoch lehret die Erfahrung daß Gegentheil; denn die Gewercken
des Bergwercks Monserrat en los Caicas als sie
Anfangs diesen Berg-Adren nach zugraben be-
gunten/ befunden sie daß das Ertz so viel Silber
hielt/ als es Marcasit geben. Und in diesem
Gebirge Potosi und andern ist eine feine art Marcasit, welche mit dem schwartzen Silber-Ertz
vermenget ist/und ist eine gewisse Anzeigung/daß
es reich von Saltz sey. Es sind so mancherley
Arten Marcasiten/ als Metallen seyn/derer Farben sie vorstellen; Die gemeineste Art gläntzet
wie Gold/ wenn es ins Feuer geworffen wird/
brennet es wie Schwefel/ und giebt viel Flam-
me/ welches eine Anzeigung/ daß es wie vor ge-
meldet/daraus zusammen gesetzet sey.

Man befindet/ daß sie gemeiniglich Gold/
C   Sil-

Silber und Kupffer halten. Es giebt dem
Schmeltzen des Ertzes eine grosse hinderung/ so
darmit vermenget ist/ denn es zertheilet das
Queckfilber in gar kleine Theile/ als hernach soll
angezeiget werden/ nebenst der Art und Weise/
wie man diesem abhelffen soll.

Operment oder Reuchgelb/ oder rother
Schwefel/ einerley Natur und Tugend/ und
sind nur unterschieden/ nach dem sie mehr oder
weiniger in dem Eingeweide der Erde gekocht
worden. Sandaraca oder Reuchgelbe ist weiniger: Operment aber wohlgekochet/ und dahero auch höher an Krafft/ wie solches kan erwiesen werden/ wenn man Operment in einem
Schmeltz-Tiegel thue/ so wird es bey einer behö-
rigen Kochung roth werden/ und so eine lebhaffte
Farbe/ als der Rothe Schwefel/ selber bekommen. Wo Operment gefunden wird/ das
ist ein gewiß Zeichen/ daß ein Goldgang alda
verhanden/ davon es auch allezeit etwas Samen
oder ein klein wenig in sich hält; wie denn Plinius
erzehlet; daß man zur zeit des Käysers Caiigulæ
etwas Gold darauß geschieden hat. Nach der
Zeit ist es nicht mehr versucht worden/ weil die
Unkosten den Gewin weit übertreffen.

Die beste Arthes Operments ist/ welches an
der Farbe wie ein Gold glänzet/ nicht sehr dicht
und hart ist/ und sich leicht/ gleichsam in Schupen zerbricht Der beste Rothe Schwefel oder
Roth Operment (Sandaraca) ist der/ welcher
hoch

hoch roth/gantz rein und brüchig ist/an der Farbe
wie ein Zinober/und einen starcken Schwefelichten Geruch hat/darbey es/wie auch bey seinen andern Eigenschafften und zur Artzney dienlichen
Kräfften unterschieden wird von den Sandix o-
der gemachten rothen Auripigment / welcher von
Albayalde / das wol in Feuer gebrand wird/ gemacht ist / daß etliche unrecht Sandarace heissen.
Diese sind gifftig/ wegen ihrer starcken Corresivi-
schen und brennenden Eigenschafft / nicht allein
auff den Cörper der animalien / sondern auch der
Metallen/eben wie Antimonium oder Schwefel/
oder andere trockene Mineralien. Denn wegen
ihrer öhlichten Theile fangen sie Feuer/und wenn
sie mit den Metallen vermischet sind / verbrennen
und verzehren sie derselben Feuchtigkeit / dadurch
die Metallen hinweg getrieben und verlohren
werde. Es sind auch noch andere Bergsäffte/wel-
che aber seltzamer/uñ in gemein nicht bekand sind/
als wie etliche von einem erzehlen / das in den An-
nebergischen Bergwerck gefunden wird / welches weiß und harte ist / und das Viehe/ so es be-
rühret/vergifftet Und es kan seyn/daß es von der
Gattung Berg-arth ist / welche/wie mich glaub-
würdige Leute berichtet/in der Landschafft Con-
chucos in den Ertz-Bischoffthum Lyma gefunden worden / mit welchem die Einwohner des
Landes die jenigen/die sie aus dem Wege zu räumen gesinnet waren / zu tödten pflegten. Welchem verfluchten Beginnen vorzukommen / der

heilige

heilige Ertz Bischoff de Los Reyes, Herr
Scribio Alonso de Magrobejo den Ertzgang zu
verstopffen befohlen.

Das 12. Capittel.
Von der Generation oder Gebeh-
rung der Steine.

ES ist gantz gewiß / daß ein wahr-
hafftiger wirckender Anfang oder Krafft
ist / welche in der generation oder Gebehrung der Steine wircket / so wol als in der übrigen Materie dieser gantzen Welt / welche der Gebehrung vnd der Verderbung unterworffen ist.
Die Schwerigkeit aber lieget darin / wie man dieses Principium oder diesen Anfang erkennen solle /
weil es an keinen gewissen und ümbschrenckten
Orthe wircket. Denn etliche Steine werden in
der Lufft gemacht / etliche in den Wolcken / in der
Erde / in dem Wasser / und in den Leibern der
Thiere.

Avicenna und Albertus meynen / daß die Materie / davon die Steine gemacht werden / sey eine
Vermischung der Erde und des Wassers ; und so
der mehrer Theil Wasser darzu käme / so hat es
den Nahmen einer Feuchtigkeit / so aber mehr Erde / wird es Leim oder Thon genennet.

Der Thon / welcher bequem ist Steine daraus zu machen / muß zehe und schleimicht seyn /
als der / davon Ziegelsteine / Töpffe und andere
irdene

irdene Geschirre gemacht werden ; denn wenn
er nicht also beschaffen ist / wird es / so bald das
Feuer die Feuchtigkeit des Leims verzehret hat/
nicht mehr zusammen hengen / sondern in Erd
und Staub zerfallen : So ist auch nöthig / daß
die Feuchtigkeit welche in Stein verwandelt werden soll / gar schleimicht sey : Davon wir die Erfahrung in unsern eigenen Leibern befinden ; die
Aerkte sind in gemein der Meynung / daß der
Stein in den Nieren und Blasen von zehen
Feutigkeiten herkomme / und durch die Hitze des
Leibes harte werde.   Diese Meynung von den
Steinmachenden Feuchtigkeiten wird auffer allen Zweiffel bekräfftiget durch die Erfahrung des
berühmten Wassers in diesem Königreich Peru,
nahe bey Grancavelica; welches sie nehmen / und
gieffen es in Formen / in was für Gestalt oder
Gröffe es ihnen beliebet / und setzen sie etliche wenig Tage an die Sonne / so wird ein vollkommener Stein daraus / damit sie ihre Häuser bauen.
Alles Vieh / das daraus trincket / stirbet; also daß
von dem / was zuvor gesaget worden / unschwer
die Ursache zu muthmassen ist.

In einem Gebirge / genandt Pacocava, eine
Meile von dem Bergwerck Verenguela de Pajages, sind Brunnen von dieser Feuchtigkeit / (derer Farbe weißlicht ist / und sich etwas auff gelbe
ziehet /) welche wenn sie ausfliessen / unterschiedli-
liche Materien in harte und schwere Steine verwandeln. Uber dieses ist ein jedwede lockere Sub-

stantz

stantz oder Wesen / welche dieser Arth Feuchtig=
keit in sich ziehen kan/ bequem in Steine verwan=
delt zu werden ; und davon habe ich Bäume
Gliedmassen und Beine von Thieren in harten
Stein verwandelt gesehen.

In der Stadt Plata habe ich Stöcke von
Wurtzeln aus dem grossen Fluß (desselben Na=
mens) herauß ziehen sehen/welche so weit sie das
Wasser bedecket/in einen recht guten Stein ver=
wandelt waren : Auch sahe ich Zähne und Ge=
beine von Riesen / welche in Tarije heraus gezo=
gen werden / die gleichfals in schwere und harte
Steine verandert waren.

Die Steine haben ihre wesentliche formam,
welche sie besonders unterscheidet/ jedoch weil wir
derselben Erkäntniß nicht erreichen mögen / ha=
ben wir in unser Beschreibung derselben den Weg
der Umbschreibung erdencken / und derer Zufälle
und Eigenschafften uns gebrauchen müssen. Ei=
ne jedwede Forme der Steine insonderheit hat
ihre absonderliche Tugenden / die eben als der
Thiere oder Kräuter merckwürdig und nach der
Länge der Zeit / so die Natur in der generation
genommen / proportioniret sind ; weil aber die
Kräuter und Thiere so unterschiedliche disposi=
tiones haben/ und so mancherley und wunder=
bahre Wirckungen herfür bringen / so können sie
nicht ein so gleichförmig und wohl vermischtes
Temperament haben/als die Steine / auch kan
ihre gelinde und zahrte Substantz und Wesen
nicht

nicht so grosse Gewalt aussstehen. Dargegen ist auch die Harte der Steine keines weges bequem mancherley Gestalten herfür zu bringen/ und dahero werden bey denselben keine Blätter/ Blumen/ Früchte/ Hände oder Füsse/ als in dē Kräutern und Thieren gefunden/ob sie schon eine grössere Krafft/ in anderer Weise haben.

Das 13. Capittel/
Von den Unterscheiden der Steine eines von dem andern.

ALle Arthen der Steine können unter eine dieser fünff folgenden Gattungen gezogen werden.

1. So sie klein sind/ sehr theuer und seltzam/ und gar harter Substantz/ und einen Glantz haben/ werden sie Edelgesteine genennet.

2. So sie gar groß sind (und doch seltzam/) und einen Glantz haben/ sind sie allerhand Marmorsteine.

3. Wenn sie bey Entzweybrechung in Stücken oder Brocken zerfallen/sind es eine Arth der Kieselsteine.

4. Wenn sie klein körnicht sind / sind sie Sand(steine.)

5. Welche keine von den obbemeldten Eigenschafften haben/ sind Steinfelsen oder gemeine Steine.

Die Bergleute aber /desto besser die Arthen der

Stei-

Steine/ darin Gold wächset/ zu unterscheiden/
gebrauchen sich absonderlicher Nahmen ; Zum
Exempel; eine Arth Steine/ dem Sande gleich/
welcher Gold / Silber oder einig ander Metall
hält/nennen sie Guijos (Schlich) welcher reiche-
re an Metall ist/als irgend ein ander Stein.

Cachi, ein ander Arth Stein/ weiß wie ein
Alabaster/weich / und der sich leicht in Stücken
brechen läst/wird in aller dieser Gegend Saltz genennet. In dieser Arth Stein findet man viel
Bley in den Silber Ertz-gängen (Metales pa-
cos/) wie die Bergleute ihr Silber Ertz nennen.

Chumpi (der also wegen seiner grauen Farbe
genennet wird) ist ein Stein von Arth des
Smergels mit Eisen vermenget: er gläntzet ein
wenig/und ist gar hart zu arbeiten/ weil er dem
Feuer sehr wiederstehet. Er wird gefunden in Potosi und Chocaya, und andern Orthen mit dem
schwartzen Metall und Rosioleres.

Lamacrudria ist der Stein/ welcher fest und
dicke ist/ und nicht das geringste Körnlein oder
Lockerheit zeiget/ wann er zerbrochen wird / ist einer gelben Farbe / und bißweilen hoch gefärbet/
als Bluthroth.

Almaclaneta ist ein Nahme / den sie einer andern Arth Stein geben/welcher dar fest un schwer
ist/einer dunckeln Farbe / und wird allwege bey
reichen Metallen gefunden/ welcher in ihnen generiret wird/wenn sie anfangen zu verderben und
zu verfaulen. Wie auch in dem Gouijos geschicht.

schicht. Er wachſet auff den Kiß der Gold=/wie
auch Kupffer=und Silbergänge.

Amolaclera oder Wetzſtein/iſt der gemeine
Stein / welcher gemeiniglich zu dem Ende ge=
braucht wird und männiglich bekandt iſt. Es
wachſen unterſchiedliche reiche Metallen darauff/
meiſtentheils aber / die *Cobeiſcos* oder Kupffer
Ertzte.

Die Silbergänge/welche in Stein Kohlen
gefunden werden/ſind ſeltzam und wenig zu ach=
ten: Wiewol ſelbige mehr ein Lager des Goldes
ſeyn.

Andere Steine welche in den Bergwercken
wachſen / oder mit dem Metallen ausgehauen
werden/ nennen ſie Ciques, wie auch Caxas, leere
Steine/welche rauch und ungleich ſeyn / aber
nicht gar hart/noch recht lucker / und halten ge=
meiniglich kein Metall/ob ſie ſchon in etlichen rei=
chen Bergwercken mit etwas weniges wegen des
darbey liegenden Ertzes angeflogen ſind.

Die Steine in Potoſi, vilacques genandt/ſind
ſehr berühmt geweſen/und ſind es auch noch we=
gen Uberfluß des Silbers / ſo man aus ihnen er=
langet / und ſind ein Stück von denen/ welche
dieſe Landſchafft unvergleichlich machen. Vila,
heiſt in Peru Bluth/ oder ſonſt ein rothes Ding/
und wegen der rothen Striche/die dieſer Stein in
ihm hat/heiſſen ſie ihn Vilaciques.

C v   Das

Das 14. Capittel.
Von den Edelgesteinen.

Je Edelgesteine sind entweder durchscheinend /als der Diamant; oder Dunckel/als der Onych; oder zwischen beyden/ als der Sardanich und Jaspis. Das Wasser ist die fürnehmste Ursache der Klarheit/ und die Erde der Dunckelheit in denselbigen also daß die Ursache / da einer den andern an Glantz und Durchscheinung übertrifft / von den mancherleyen Feuchtigkeiten/die in deren Zusammensetzung/coaguirct ist/herrühret/daher etliche derselben reiner und heller sind als andere.

Weisse Steine sind gemacht von einer Feuchtigkeit/ die dem Wasser meistentheils gleich ist/ und also sind etliche klärer und durchsichtiger/ als der Cristall/ und der Regenbogen=Stein (Iris) welcher darumb also genennet wird / weil er / wenn er gegen der Sonnen=Strahlen gehalten wird einem Regenbogen sehr gleichet.

Der Demand wird gezeuget von einer weiniger klaren Feuchtigkeit als der Cristall oder Regenbogen=Stein / und ist daher dunckler als einer unter diesen beyden. Dergleichen mancherley Beschaffenheit kan in allen Edelgesteine/ von was für Farbe sie auch seyn mögen/ in acht genommen werden: sie seind entweder von grünen bergsatten oder feuchtigkeiten zusammengesetzet/ als der Smaragd, und der Phrasem; o=
der

der von blauen/ als der Sapphier/ der Laſur-
ſtein/ und eine art Jaſpis; oder von rother/ als
der Rubin/ oder von Purpurfarbe/ als der Hiacinth und Amethyſt; oder von Gold-farbe/ als
der Chryſolith und Tapas; oder von gemeng-
ten Farben/ als der Opal.

Auff gleiche weiſe/ kan man gedencken/ ſind
die andern arten der Steine welche nicht durch-
ſcheinend ſind/generiret und gezeuget von einer
Vermiſchung ſchwartzer oder dicker Feuchtigkeiten; davon wir ein Exempel ſehen an dem
Waſſer/ welches ob es ſchon von Natur weiß
und klar iſt/ jedoch wenn es mit Dinten oder
dergleichë Feuchtigkeit vermiſchet wird/ verliret es
ſeine Durchſichtigkeit/ ob ſchon nicht ſeinen
Schein oben auff.

Die unterſchiedlichen Farben der Säffte und
Feuchtigkeiten entſtehen/ wie ietzt gemeldet/ auß
der mancherleyen Vermiſchung der ſchwartzë o-
der weiſſen Materie/ darauß die Steine generiret worden. Ob ſchon Raymundus und viel
andere ſolches mehr unmittelbahr der mancherley art der Metallen zueigenen/ von derer reine-
ſten Feuchtigkeiten die Edelgeſteine gezeuget wer-
den/ mitten in andern harten Steinen/ dahin
dieſe Feuchtigkeit hindurch gedrungen/ und daher ſich ſelber viel gereiniget/ und in deſſen Betrachtung vergleichet er die Edelgeſteine den Me-
tallen/von denen ſie gezeuget worden/als den Rubin dem Golde/den Demant dem Silber/ den
Sma-

Smaragd dem Kupffer/und die übrigen gleicher weise. In seinem Compendio von der Transmutation oder Verwandlung/welches er dem König in Engeland Roperto zugeschrieben/lehret er zween Wege die künstlichen Edelgesteine zu machen (durch eine Vermischung der Wasser von unterschiedlichen Metallen) so schön und von eben den Tugenden als die Natürlichen sind. Eine Wissenschafft (über und ausser andern fürtrefflichen Qualitäten dieser seltzamen Persohn) welche uber Menschen Verstand zu seyn scheinet. Es ist aber leichtlich zu glauben/sintemahl wir sehen/daß Schmalt oder Flüß von unterschiedlichen Farben gemacht werden/durch eine Zusammensetzung der zu Pulver gestossenen Mineralien und des Glases. Auff gleiche weise werden auch die falschen Steine gemachet.

Die durchsichtigen Edelgesteine haben mancherley Mängel in ihnen/welche wegen ihrer Klarheit eher von dem Auge entdecket werden als die in den gemeinen Steinen; wie der Flecken am meisten in den feinesten Gewand gesehen werden/und wird selten ein Stein gefunden/welcher nicht diesen oder jenen Mangel habe; entweder Flecken oder Haare/oder Wolcken/oder Schatten/oder Saltz oder etwas anders/dem sie bey ihrer generation unterworffen gewesen/weil die Feuchtigkeit/davon sie gemacht werden/nicht alle einerley Farbe gewesen. Ein Schatten entstehet von der Feuchtigkeit/welche dunckler an demselben
ben

ben Ende ist. Eine Wolcke kompt von der Feuch=
tigkeit/die zu weiß an einem Theile ist. Haare/
welche offt in dem Sapphir gefunden werden/
und Saltz/ welches insonderheit die Opale ver=
stellet; wie auch das Bley den Smaragd/ sind
Verhinderungen unterschiedlicher Farben von
der rechten Farbe des Steins/in welchen sie sind.

Das 15. Capittel.
Ob auch Edelgesteine in dem Kö= nigreich Peru gefunden werden?

Bißanhero ist der Fleiß des Volcks
in diesem Lande fürnemlich/ auf Suchung
Goldes und Silbers gerichtet gewesen/
und haben Edelsteine zu suchen nicht geachtet/wie
wohl viel merckliche Anzeigungen gewesen/ und
noch seynd/ daß dieses florirende Königreich an
diesem Vorzuge auch keinen Mangel habe.

Es wird beständig erzehlet/ und ich habe es
auch selber in der Gegend Lipes gehöret/daß in der
Benachbarten Landschafft Atacama, fürtreffliche
Demanten gefunden werden/und daß im Tau=
schen für eine geringe Cocus/ so nicht über zwey
Reichsthaler werth/ eine Indianische alte Frau
eine Handvoll rauher Demanten verkaufft/ wel=
che in Spanien viel Ducaten werth gewesen. Es
ist eine Landschafft voller schönen Steine/ die
wohl zusehē/uñ derowegen mag man auch wohl
gläublich sagen/ daß sie auch reiche oder köstliche
Steine in ihr habe.   Es

Es sind ein Hauffen Amethisten in einem
Walde dieses Nahmens / welcher nahe dem
Bergwercke Esmeluco lieget / und in dem reichen
Bergwerck zu St. Elisabeth / oder neu Potosi
findet man reiche uñ wohl gewachsene Amethisten
unter dem Silber Ertz. Dergleichen Arth Edelgesteine sind auch in Parguay, und Buenos Ayres;
Sie werden gezeuget in Papas Lanadas, ein oder
zwo Klafftern oder Faden unter dem Grunde / in
einem gar harten und schweren Kieß / welchen sie
Coco heissen / weil er einer Indianischen Nuß
gleich siehet / die ohngefehr eines Kopffes groß ist.
Der Amethist / der darin sitzet / wird fast zween
Finger groß seyn / naturlich in der Gestalt eines
feinen Tuches / und ist mehr oder wenig zeitig und
vollkommen / nach dem er beschaffen ist / wenn der
Coco oder der Nuß-gleiche Kiß von einander ber-
stet / welches sie von sich selber thut / und alsdann
giebt sie einen Knall wie ein Stücke Geschütz / und
machet daß die zunechst beyliegende Erde eine gute weile erbebet / und solches recht / wenn sie zerbricht und sich auffthut ; bey welchen Zeichen
man an den Orth hingehet / und gräbet nach der
Nuß / welche sie in zwey oder drey Stücken zer-
sprungen finden. Dieses ist eine Sache die wol
bekand ist / und in diesem Theil der Welt gemein
ist. Nahe bey diesem Orthe / so aqua Caliente o-
der das warme Wasser heisset / wegen des heissen
Wassers so allda heraus quillet / auff dem Wege
zwischen Potosi und Lipes ist ein Orth / (Pampa)
voller

voller reinen durchsichtigen Crystallen-Steine/
von der Natur in unterschiedlichen Winckeln o-
der Ecken gestaltet/welche in einer Spitzen zusammen kommen. Ich habe derselben etliche heraus
genommen/wenn ich des Weges hingereiset/und
mich über derer Schönheit verwundert. Denn
wenn man sie gegen der Sonnen Strahlen hält/
so scheinen sie gleich als wenn so vielerley Sonnen
zugegen wären / der Grösseste den ich davon gese-
hen/war in der Grösse eines Daumens.

Dergleichen Arth/ wiewol viel kleiner/sind
auch ein grosser Uberfluß in den Landschafften
Callapa und Julloma. In der Landschafft Pacages findet man auch etliche die so natürlich als wie
Rosen-Demante geschnitten sind in der Grösse
einer grossen Erbse; und im Sand wachsen / habe ich offt darunter kleine Tipfflein von einer gül-
denen Farbe wahr genommen/und durchsichtig/
gleich dem besten Tapes / und andere dieser Arth
so groß als ein Gersten Korn / welche wenn sie
grösser wären/eines grossen Werths seyn solten/
und zweiffele nicht / daß dergleichen möchten zu
finden seyn / so man rechtschaffen Fleiß darauff
wendete.

Die Steine in dem Bergwerck Camata, in
der Landschafft Lavecaxa sind an der Schönheit
den Demanten gleich / und werden in Armbän-
dern und Ringen in diesem Königreich getragen.

In dem grossen Hauptland Arica zwischen
den Felsen innerhalb des Havens ist auch ein
Berg-

Bergwerck / daraus sie durchsichtige Stein / wie Demanten / und fast eben so hart / bekommen / woraus sie Kleynodien machen.

Die besten Türckisse werden in Atacama gefunden. Ich habe einen in den Lipes gesehen / der so groß als ein Englisch Kopffstück war. Die Indianer in diesem Lande schätzen das für eine grosse Ehre / wenn sie Halß- und Armbänder von kleinen Türckisse haben / die mit grossem Fleiß und Kunst gemacht sind. Die Männer tragen eine grosse dieser Arth Steine an ihrem Halse / gleich wie güldene Ketten / Sie tragen auch solche Armbänder von grünen Steinen / welche ihre hohe Krieges-Bedienten fast über alles schätzen / und rechnen sie für das beste Lösegeld / daß ein Gefangener ihnen geben kan.

Perlen werden auch in der Gegend Atacama und Mexillones gefunden / welche aus den Austern genommen / und anhero zu verkauffen gebracht werden : Man findet gemeinlich Perlen / wenn man die Austern zurichtet und isset.

Von der Fruchtbarkeit der Nieder-Landschafften dieser Orthen habe ich wenig Kundschafft / weil sie wenig oder nichts anhero handeln / über dieses ist mein fürnehmstes Vorhaben Euer Herrligkeit von den Bergwercken dieser Lande / die unter euerem Gebiet liegen / und demselben unterworffen sind / Unterricht zu geben / was ich darbey gesehen habe. Nichts desto weniger wurden zur Zeit / als das erstemahl diese Länder erobert

bert worden / viel und grosse Smaragden in den
Händen dieser Einwohner gefunden / wie auß
den davon auffgezeichneten Geschichten zuerse-
hen ist.

Das 16. Capittel.

Von andern Arten der Steine.

ES ist den Eigenthümern der Bergwercke
(warumb fürnehmlich auff Euer Herrligkeit Befehl ich dieses Büchlein geschrieben)
gar wenig daran gelegen / mehr insonderheit von
andern Steinen zu reden / zumahl die gemeinen
Arten Steine / wie sie also seyn / weinig untersuchet und verstanden werden / und so von ihnen
in den Bergwercken etliche Steine von seltzamer
Farbe und durchsichtig sölten ángetroffen werden / würde derer Schönheit die Bergleute sie
hoch zuschätzen bewegen / so die Begierde nach
Gold und Silber / welches sie zuförderst suchen /
nicht ihre Augen und Verstand verblendete / also
daß sie darauff nicht Achtung geben können.
Weil ich aber eine Erzehlung aller Mineralien
mit einander gethan habe : und die Marmorsteine nechst den Edelgesteinen am höchsten geschätzet werden / so ist billich ein wenig von diesen
Marmolsteinen / welche wir in diesen Landen finden zuhandeln / welche meines Erachtens mit einem jedweden davon wir in Geschichten lesen / zu-
vergleichen sind.

Die Landschafft Acatama ist vor allen andern
D   wür-

würdig/ daß sie mit Fleiß von geschickten und er-
fahrnen Künstlern untersuchet werde/ denn sie
bringet so mancherley Farben Steine/ von so
schöner Liebligkeit und Glantz herfür/ daß allein
die grosse Menge und Uberfluß derselben hindert/
daß sie nicht unter die Edelgesteine gerechnet werden.

Dieses gantze Königreich ist voller herrlicher
Altare/ die auß diesen Steinen gemacht sind/
und gar viel derselben sind auch in Europa ver-
führet/ und noch zu keinen andern Vorsatz bear-
beitet worden; entweder auß Mangel der Stein-
Metzen sie zu arbeiten/ oder weil meisten theils der
unserigen nur darauff bedacht sind/ daß sie wieder als Leute von grossen Staat in Spanien kommen mögen/ und unbekümmert seyn unsern Namen in diesen Orten durch prächtige Gebäude/
worzu diese Steine sehr bequeme Materien we-
ren/ zuverewigen.

Es ist ein Stein in diesen Königreichen der
würdig ist daß er wegen seiner vielerley Art/
Glantz und Grösse vor das Angesicht des Königes unsers Ober-Herrn gebracht werde. Er ist
sechs Handbreit lang/ und einer Handbreit weniger 6. Zoll breit/ und zween Finger dicke;
an der Gestalt wie ein Bretlein und Täfflein;
voller lieblicher Wolcken/ so durch die Zusammensetzung seiner Farben gemacht werden/ derer
etliche roth und durchscheinend/ andere duncke-
ler/ als schwartz/ gelb/ grün/ und weiß/ auff den
schwar-

schwartzesten Flecken in allen diesen Steinen liegt gleichsam Schnee / der darauff gefallen / oder Milch / nachdem die weissen Zufälle mit dem Schatten vermenget sind.

In dem Bergwerck zu Veranguela de Pacagues sind noch andere Steine / die nicht geringer an ihrer edlen Substantz und Glantze sind als die zu Acatama, wie wohl sie nicht so viel-und mancherley Farben haben. Sie sind weiß wie ein Alabaster und durchsichtig / und weil diese Farbe nicht gleich eingetheilet ist / so verursachet sie gleichsam Wolcken / welche dem Steine viel Annehmligkeit und Schönheit geben. Es kan keine Feuchtigkeit hineindringen / und sind so hart wie ein natürlicher Cristall. Der Tauffstein in der Kirche zu Julloma ist einer von den grösten / und ist doch nur auß einem dieser Steine gemacht. Und ob er schon sechs Finger breit Dicke ist / so könnet ihr doch eigendlich durch die Seiten deßselben den Schein eines Lichtes / so in der mitten auffgestecket ist / sehen. In dem Jesuiter Collegio in der Stadt Paz, ist ein berühmtes Wasser-Gefäß von diesem Stein / durch dessen Seiten ihr sehen könnet / wie das Wasser auffsteiget / wenn es hinein gegossen wird / eben als wenn es durch ein durchscheinend Glaß geschehe.

D ij

Das

Das 17. Capittel.

Von etlichen begebenden Zufällen der Steine / und derselben Ursachen.

WEr den Glantz und Durchsichtigkeit welche/wie gemeldet/ in unterschiedlichen Steinen zufinden / und in gemeinen Arten der Steine nicht anzutreffen sind / ist auch noch ein Zufall/welcher bey ihnen vorkömt/nemlich die Härte und Weiche.

Die Härte ist so wesendlich bey allen Edelgesteinen / daß sie nicht für solche gehalten werden / wenn die Feile dieselbige auff einigerley Weise verletzen kan. Wenn die Materie / darauß die Steine zusammen gesetzet sind / zehe ist / und bey einem gewaltsamen Feuer eintrocknet / biß die Feuchtigkeit verzehret ist / so verursacht es die Härte / sintemahl es die Materie in ihr selber zusammen ziehet und dichte machet. Wenn die Materie wenig oder keine Zehigkeit hat / so trocknet die Feuchtigkeit alsdann leichtlich durch die Hitze hinweg/und das irrdische Theil verbrennet / und bleibt alda der Stein weich und brüchig. So machet auch die ümbgebende Kälte die Materie dichte und hart / wie wir sehen in den Steinen / die dadurch coaguliret sind / welche sich hinwiederumb durch das Feuer solviren/und die coagulirte Feuchtigkeit zergehet und fliesset. Die Steine / denen es an genugsamer Feuchtigkeit ihre irrdische Theile zusammen zuhalten

man-

mangelt / wenn sie ins Feuer geleget werden / so
zerbrechen sie in kleine Stücklein: und die am al-
lertrocknesten seyn / resolviren sich zu Staub oder
Leim durch das Feuer.

Etliche Steine sind poros oder voller Lufftlöcher / andere dichte und wohl zusamen gesetzet. Die
ersten entstehen von einer ungleichen und übeln
Vermischung der nassen und treugen Theile /
darauß sie zusammen gesetzet sind / also daß wenn
die Hitze die Feuchtigkeit damit keine irrdische
Substantz vermenget gewesen / außdämpffete /
lässet es einen hohlen Platz oder Lufftlöcher / welches lockere oder schwammichte Steine machet.
Ingegentheil sehen wir die wiederige Wirckung
in den festen dichten Steinen. Man findet die
Steine in unterschiedlichen Gestalten / die einen
viel Verwunderung machen / als irgend ein Ding
in der Natur. Vielleicht kömt solches her von
der mancherley Vermischung / Farben und A-
dern der Steine / wie ihr an ihren Flecken und
Wolcken sehen könnet / welche Thürme / Schiffe und andere Thiere und Gestalten vorstellen;
und im Bley / wenn es auff Wasser gegossen
wird offtmahls zu geschehen pfleget. Die Geschicht von des Königes Pirshi Agatstein ist bekant / auff welchen der Apollo samt den Neun
Musen oder Kunst-Göttinnen so lebhafftig zu sehen gewesen / als wenn der beste Mahler sie darauff gemahlet hätte; So saget auch Cardanus,
daß er einen von dieser Art gehabt / welche eine

rechte

rechte. und eigendliche Abbildung des Käysers
Galba vorgestellet.

Man saget / daß in der Kirchen St. Sophir
zu Constantinopel ein Marmolstein sey / welcher
durch die Natürlichen Adern des Steins das Ge-
mälde St. Johannis des Täuffers mit seiner
Kleidung von Camel Haaren / nach dem Leben
abgebildet vorzeiget / außgenommen ein Fuß desselben / welcher unvollkommen ist.

Es ist eine Anzeigung / daß die Natur nicht
ohngefehr gewircket habe sondern mit sonderlichen Fleiß / und zu einigem geheimen Ende / wann
in dergleichen Arten der Steine / solche Gemercke
und Zeichen gefunden werden wie in dem Felde
bey Verona / welches Leon Baptista, daß ers gesehen habe / erzehlet / und daß sie darauff das Bildnüß des Stuhls Salomonis gemahlet haben.

Ein ander schwartzer Stein / welcher als er an
einem Ende zerbrochen worden / hat in ihm eigendlich und nach dem Leben das Bildnüß einer
Schlangen gemahlet gehabt / und daß derselbe
die Tugend gehabt die Schlangen nach sich zu-
ziehen. Albertus Magnus bezeuget / daß er 500
Schlangen auff einen Stein auff dieser Art herfür bracht gesehen / der ihm verehret worden.

Wenn wir Steine antreffen / welche Thiere / oder derselben Gliedmassen oder Kräuter und
Gewächse oder andere Dinge / nicht nur oben hin
oder angefärbet / sondern in dem dicken Cörper
und dem Wesen selber verstellen / so glaube ich /
daß

daß solches herkomme von einer faulenden Feuch=
tigkeit/ welche die Materie in ihre Lufftlöcher ein=
gezogen/ und dadurch sind alle Steine worden/
wie Avicenna vermeynet. Ob aber nun gleich
zuweilen dieses die Ursache desselben seyn mag/ ie=
doch deücht mich/ kan nicht vernünfftlich ge=
schlossen werden/ daß es allewege so sey.

An dem Boden des Meißnischen Gebirges/
nahe bey dem Eißleber See/ werden gar gemei=
niglich Steine gefunden/ welche oben auff der
Frösche und Fische Bildnüß in feinem Kupper
eingepräget haben. Vor alters hiessen sie eine
Art Steine Conchites (oder Muschelsteine) wel=
che in allen ihren Lineamenten den Meer=oder
Wasser=Muscheln gantz gleich waren/ und hat=
ten die Gedancken/ daß wenn diese Muschel=
Schalen eine lange Zeit auff den Grunde legen/
da viel Steine wüchsen/ die Steinmachende
Feuchtigkeit in die Lufftlöcher der Schalen hin=
ein drünge/ und sie in Stein verwandelte: und
gründen diese ihre Meynung auff die Gewißheit/
daß das Meer in alten Zeiten das gantze Gebiet
der Stadt Magara, woselbst diese Art Steine al=
lein gefunden werden/ überschwemmet habe.
Mit der länge der Zeit aber ist allerscheinbarer
Grund der vorgemeldten Meynung hinweg ge=
fallen durch die wunderbahren Stein=Adern/ der
etliche grau/ etliche Eisenfarbig/ und etliche gelbe
auff dem hohen Wege/ wenn man von Potosi nach
Oronesta den Berg herab gehet/ gefunden wor=

den. Alda lesen sie Steine auff / welche allerhand Gestalten in ihnen eingedrückt haben / so gar
nach dem Leben / daß niemand als der Urheber der
Natur solch ein Meister-Stück herfür bringen
können. Ich habe etliche Steine bey mir / in welchen allerley Muscheln zusehen / grosse / mittel-
mässige / und kleine. Etliche stehen auffwerts /
andere niederwerts / mit den allerkleinesten Zü-
gen dieser Schalen in grosser Vollkommenheit
abgebildet; Und dieser Ort lieget mitten in dem
Lande / und auff dem Gebirgichten Orten desselben / da es eine Thorheit wäre ihn einzubilden /
daß das Meer iemahls denselbigen überwältiget /
und nur an diesem einen Ort die Muschel-Scha-
len gelassen hätte. Es sind auch unter diesen
Steinen vollkommene Gleichnüsse der Kröten
und Zwiefalter / und andere frembde Gestalten /
welche ob ich sie schon von gewissen Zeugen gehöret / dennoch zu melden / und den Glauben des
Lesers damit zubeschweren / bedencken trage.
Gegen über dieser wunderbahren Ader des Landes / an der andern Seiten des Thals Oroncota
stehet das berühmte Theil des Landes Pucara,
(welches in der Land-Sprache eine Vestung heisset) und ist ein Ort / der von der Natur als irgend ein bekanter Ort in der Welt befestiget ist /
lieget sehr hoch / sieben Meilen im Begriff / und
ist rund herumb mit hohen Bergen da man keinen Zugang hinzu haben kan / umbgeben / ohn
nur allein an der einen Seite / da ein kleiner Zugang

gang ist/nachdem man zuvor über einer beschwer-
liche Höhe kommen / auff dessen weiten Feldern/
auff der Spitzen/sind viel schöne Wasser-Bäche/
Gehöltze/gemeine und grosse Weiden oder Wiesen / die sehr bequem zu Unterhalt des Menschlichen Lebens sind.

Das 18. Capittel.

Von der Generation oder Gebäh-
rung der Metallen.

ES ist kein Wunder / daß gelehrte Leute so
vieler unterschiedlichen Meynungen seyn /
über der Materie/ darauß die Metallen generiret werden / in Betrachtung es scheinet / daß
der Urheber der Natur dieselben in solcher Dunckelheit und Tieffe geschaffen / und sie mit so harten Steinfelsen umbmauert und umbgeben habe
zu dem Ende / daß er derselben Ursachen verbür-
ge / und den Ehrgeitz der Menschen straffete.

Die Philosophi, welche vorgeben/ daß sie die
Ursachen der Dinge verstehen / eignen ihnen über
die erste Materie(welche der erste Anfang ist nicht
allein der Metallen/ sondern auch aller Cörper in
der Welt) noch eine andere entfernete Materie
zu / welche ist ein gewisser und schmieriger oder
fetter Dunst sampt einem Theil dicker und zeher
Erde / von welchen / wenn sie mit einander vermischet / eine Materie entstehet / davon nicht allein die Metallen / sondern auch die Steine ge-

D v   macht

macht worden: Denn so die Trockenheit die O-
berhand hat / so werden Steine gezeuget; wann
aber die feiste schmierichte Feuchtigkeit die Ober-
hand hat / werden Metallen generiret: Dieser
Meynung sind Plato, Aristoteles, und derer
Nachfolger.

Von dem Uberfluß dieser reinen / und glän-
henden Feuchtigkeit / wenn sie dichte gemacht
wird / komt der Glantz der Metallen her / in welchen von allen Elementen das Wasser / wie auß
der Erfahrung bekant ist / an meisten die Ober-
hand hat / und deßwegen fliessen sie und werden
durch das Feuer auffgelöset.

Von der mancherley Vermischung und Reinigkeit der vorgedachten Materie / kommen die
unterschiedlichen Arten der Metallen her / das al-
lerreineste und feineste unter denen allen / und das /
wie es scheinet der Natur fürnehmster Zweck ist /
ist das Gold.

Ihrer viel / die schweren Streitigkeiten dieser
Natur zu vermeiden / halten es mit der gemeinen
Meynung; daß nemlich Gott der Allmächtige
in Erschaffung der Welt die Berg und Ertzgange der Metallen in eben dem Zustande / als
wir sie noch biß auff den heutigen Tag finden / geschaffen habe. Sie thun aber der Natur hierin
sehr unrecht / in dem sie hier / wie wohl ohne ver-
nünfftige Ursache / eine herfürbringende Krafft
dieser Materie versagen / welche bißanhero allen
andern unter dem Mond befindlichen Dingen
juge-

zugeeignet worden. Zu dem hat die Erfahrung
an unterschiedlichen Orten das Gegentheil erwiesen. Ein klar Exempel haben wir in der Insul Ilva, oder Elba so bey Toscanien / in dem He-
trurischen Meer lieget / und voller Eisen-Berg-
werck ist / welches wenn sie es so hohl und tieff/
als sie immer gegraben/ so werffen sie die umbher-
liegende Erde darein / und füllen dieselbe wieder
darauff/ und innerhalb zehen oder funffzehen
Jahren auffs längste / arbeiten sie diese Bergwercke wiederumb / und ziehen darauß ein über-
flüssiges Metall/darein die neue Erde verwandelt
worden. Viele sind der Meynung / daß eben
dieses in dem Reihen Gebirge zu Potosi auch geschicht / zum weinigsten weiß männiglich unter
uns daß wir in den Steinen / welche wir unterschiedliche Jahr hero liegen lassen / und vermeynet / daß sie noch nicht Ertz genug zu unser Arbeit
hielte / wenn wir sie heimbringen/ überflüssig Ertz
darin finden / welches keinem andern Dinge/ als
der immerwährenden generation, oder Gebährung des Silbers kan zugeschrieben werden.
Die Alchimisten (ein numehr verhafter Name wegen der vielen Ignoranten und unwissenden
Leute / die sich dieser Kunst anmessen) so mit tief-
ferer und mehr geübter Philosophie die Vermischung der Naturen zerleget/ und sie wieder in ihren ersten Anfang gebracht haben / reden von der
Materie der Metallen folgender gestalt. Die
Sonne / sagen sie / und alle Sternen die mit ihrem

em eigenen oder geborgeten Licht unauffhörlich
rund umb die Erde herumb gehen/erwärmen sie/
und durchdringen mit ihren subtielen Strahlen
die Adern oder Gänge derselbigen; und wir se-
hen/wenn Dinge lange im Feuer brennen/ daß sie
in eine andere irrdische Substantz oder Wesen verändert werden/als Holtz und Steine in Leim und
Aschen: also und gleicher gestalt/ wenn die Erde
die mit Wasser vermischet und gekochet wird/
durch diese Himmlische Leiber calciniret wird/
verändert sich dieselbe in eine andere Art von Geschlecht oder Gattung/ welche in sich etwas von
dem Wesen des Saltzes und Alauns begreiffet;
wir sehen alle Tage welche effect und Wirckung
in den Laugen so von Leim/Aschen/Schweiß und
Urin gemacht sind/ welche alle/ wenn sie gekocht
werden/ einen Saltzigen Geschmack bekommen.
Die erste Materie oder Grund der Metallen ist
Vitriol/ welches leichter zu glauben ist/ nachdem
wir sehen/ daß iedwedes unter ihnen durch die
Kunst dar zu gebracht werden kan. Von der Art
und Weise etliche derselben also darzu zubringen/
sol hernachmahls gelehret werden.

Dieser Vitriol giebt durch die Hitze des un-
terirrdischen Feuers und Anziehung des Himm-
lischen von sich zwo Dünste oder Dämpffe; der
einen irrdisch/ subtil und feist/ und zuweilen ge-
kochet/ welchen die Philosophi Sulphur oder
Schwefel heissen/ weil er die Eigenschafften desselben hat; Der ander Dampff oder Dunst ist
feuchte/

euchte / waſſericht / ſchleimicht / und mit gar fei-
ler Erde vermiſchet ;   und dieſer iſt die nechſte
Materie / darauß das Queckſilber gemacht iſt.
Wenn dieſe zween Dämpffe einen freyen und
veiten Durchgang auß der Erden antreffen/und
lsdann in die Gegend der Lufft auffgeführet
verden / ſo werden ſie verwandelt in Cometen /
Wolcken/ Schnee/ Hagel/ Donner/und ander
Dinge/ſo alda erſcheinen.

Wenn aber gemelte Dämpffe ohngefehr zwi-
chen harte Steinfelſen eingeſchloſſen / in enge
ind ſchmale Oerter/darauß ſie nicht herauß kom-
nen können / oder der Ort albereit voller Mine-
alien iſt / ſo werden gedachte Dämpffe ſich coa-
zuliren/und in ſo genante halbe Mineralien ver-
vandelt werden.

Wenn dieſe Dünſte in Durchdringung der
arten Geſteine kleine Art des gereigten Schwe-
els / welcher wie ein Silber gläntzet/und zuweilen dem Feuerſtein oder Kiß/welchen die Spanier
Marcaſit nennen/ ohne welchen kein Metal kan
gezeuget werden/ antreffen/ werden ſie die Geſteine mit vielerley Farben beflecken; So dieſe
Dämpffe/ wenn ſie auffſteigen und außzugehen
ſich bemühen/ ſo harten Steinen/ die ſie nicht
durchdringen können/ begegnen/ ſo werden ſie
zu immerwährenden Waſſer quellen; deralei-
chen Wirckung wir in iedweder gemein Diſtilli-
rung ſehen; Wenn ſie aber durch die Geſteine
hindurch gehen/ und ihnen dieſe zween Säffte/

nem-

nemlich der Kiß oder gereigter und confolidir-
ter Schwefel/als kurtz zuvor gedacht worden/be-
gegnen / so folviren sie die gemeldten Säffte/
vermischen sich darmit / und nachdem sie eine ge-
hörige Zeitlang miteinander kochen / so machen
sie dieselbe in dem Ertzgange dichte und harte;
Dieses ist die Lehre des Bracelci in seinem Com-
mentario über dem Geber.   Aber die grosse Anzahl der Alchimisten sagen für gewiß / daß die un-
mittelbahre Materie der Metallen sey/ Queckfilber und Schwefel/ und daß von der unterschiedlichen proportion ihrer Vermischung und mehrer oder weniger Reinigung der Unterscheid/ welcher in den Metallen gefunden wird/ entstehe.

Das 19. Capittel.

Die Meynung daß Queckſilber und Schwefel die Materie ſey/ darauß die Metallen gemacht werden/ wird vertheidiget.

Je jenigen / welche ihnen einbilden das/
was sie mit ihrem eigenen Verstande
nicht begreiffen können / auch niemahls
wircklich seyn könne / haben eine Einbildung /
die gelehrten Männern gar nicht anstehet / und
Derer Ehre/ (welche sie noch haben) / sehr ver-
mindert / in dem sie auß Ursachen / welche weder
etwas erweisen / noch von einiger Wichtigkeit
sind

sind zu leugnen/darfür halten/daß es nicht müglich sey eine Metallische Gattungen in die andere
zu verwandeln.   Es schicket sich an diesem Orte
nicht/ alle dergleichen argumenta und Einreden
zu untersuchen / wiewohl die grosse Connexion
und Verwandschafft welche sie mit der rechten
Erkäntnüß der Metallen/ davon wir handeln /
haben/es nothwendig erfordert/von etlichen derselben zu handeln / und ihren schwachen Grund
eigendlich sehen zu lassen.

Sie sagen/ daß die Alchimisten die Art und
Weise nicht wissen / dadurch die Natur die Metallen erschaffet / und zur Vollkommenheit bringet / und daß es irrig sey/ daß sie sagen / daß sie
von Queckfilber und Schwefel zusammen gesetzet sind / denn wenn dem so wäre/ so würde man
in dem Gold und Silber Bergwercken allerley
Anzeigungen und Stücken von diesen Dingen
finden.   Da doch die gemeine Erfahrung das
Wiederspiel erweiset; darauff aber zu antwor-
ten/so hat der erste Theil dieses Vernunfft-schluß-
ses wenig zu bedeuten; Denn ob er schon erwiesen wäre/ so bringet er doch nicht mehr zu wegen/
als daß diese Alchimisten / welche mit dieser Verwandelung ümbgehen / mechanicè oder durch
Hand Gebühr / und ohne gute Erkäntnüß der
Kunst verführen; nichts desto weniger / bleibt
doch müglich/ daß solche Verwandelungen geschehen könne.

Der ander Theil des gemeldten Schlusses
erwei-

erweiset klärlich die grosse Verwegenheit und Un-
bedachtsamheit/ damit sie versichern/ daß sie gar
wenig darvon verstehen; deñ da ist nichts mehr in
der Erfahrung bekant/was die Metallen betrifft/
als dero ordentliche Vermischung mit Schwe-
fel/ und der Uberfluß an Schwefel ist ein sonder-
liches gutes Zeichen derer Reichthumb; dessen
ein genugsames Exempel ist das roth-gefärbte
Ertz in dem berühmten Gebirge St. Jsabella in
neu Potosi, in der reichen Landschafft Lipes, welches meist gediegen ist/ und unter einer so grossen
Menge Schwefel wächset daß die Höhlen oder
holen Stellen in dem Gesteine also fort in Feuer
stehen/ wenn sie nur ein brennend Licht berühret.

Alle diese Ertze/ welche sie Soroches, Mula-
tos und Negrilios heissen/ und alle solche die auff
Antimonium oder Kiß zielen/ weiß man gewiß/
daß sie einen Uberfluß an Schwefel haben/ wie
hernach folgends soll erkläret werden.

Gleicher weise befindet sich das Queckfilber
mit den Metallen einverleibet zu seyn/ ob
man schon wenig solches zu erkennen Acht ge-
habt/ weil es nicht zu unterscheiden ist in dem
Ertze/ wenn es auß dem Grunde kömt/ wenn es
aber ins Feuer gesetzet wird/ so rauchet das Quecksilber hinweg/ und lässet keinen Geruch hinter
sich/ wie der Schwefel thut/ es werden desselben
Wirckungen bey derer destruction, welche in
dem Rauche arbeiten wo Ertz geschmoltzen wird/
wohl

wohl empfunden / und vor wenig Jahren sind
wir das wohl inne worden in dieser Materie /
durch das Ertz Cholatiri, vier Meilen von der
Stadt Potosi lieget / die eine von den berühmteste
und reichsten in der Welt ist / welches als es abge-
schmoltzen / in den Ofen ein lang Stück Silber uñ
auch einẽ grossen Theil Queckfilber gab / so sie aus
der Aschenkalt ward / herauß schlugen / da sich deñ
die Menge des Queckfilbers selber vor Augen stel-
lete / und sehen ließ.　Und wie sie hernach mehr
Bradte oder Stücken nahmen nach der gewöhn-
lichen Art zu arbeiten / so brachte es so viel Queckfilber / als die reichesten Steine zu Guancavilica,
da müglich noch viel übrig von gediegen (Silber) in den grossen Hauffen Ertz seyn mag / welches sie biß anhero fein gemacht haben.　Und ich
kan nicht wissen / ob nicht etliche Curieuse und
Sinnreiche Leute albereit zufälliger Weise es also
befunden / wenn dieses / was albereit gesagt worden / nicht gnugsam ist / diesen Punct zu erklären /
so wird das nichts der Wichtigkeit seyn zu probiren / daß die Metallen nicht auß Queckfilber und
Schwefel zusammen gesetzet sind / wenn man saget / daß diese zwo Ingredientien nicht damit in
den Ertzgängen angetroffen werden; weil sie
theils in der Zusammensetzung der Metallen bereits ihre eigene Forme verlohren haben / und in
die Natur des Ertzes / welches darauß gemacht
worden / gangen sind.　Aber die erfahrensten
Alchmisten die den Geheimnüssen der Natur fer-

E　ner

ner nachforschen / ziehen auß allerhand Arten der
Metallen Queckſilber herauß / davon ſie / wie ſie
ſagen / Augenſcheinlich und greifflich zuſammen-
geſetzet ſind.   Ich unterlaſſe die Art und Weiſe
deſſen anhero zuſetzen / umb die Gelegenheit der
Chymiſchen experimente, und Erfahrungen /
welche mehr Schaden als Nutz bringen / zu vermeiden. Gleicher weiſe wird das gemeine Queckſilber in fein Silber verwandelt / welches eine gewiſſe Probe iſt der Mügligkeit und Wahrheit
deſſen / was zuvor geſagt worden / davon ſo viel
Augenſcheinliche Zeugen in dieſen Landen verhanden / daß es eine Thorheit wäre ſolchen allen
nicht zu glauben.

Das 20. Capittel.

Von der wirckenden und formal-Urſachen der Metallen.

NEbenſt dem Himmel / welcher als eine all-
gemeine Urſache in der Gebehrung aller
Dinge / und ſonderlich der Metallen
ſich einfindet / iſt noch eine nähere wirckende Urſache nöthig / welche die Krafft von den Planeten empfähet und auff die eigendliche Materie der
Metallen wircket; denn die Eigenſchafften der
Elementen allein ſind nicht genug / noch geſchickt
einen einigen zuſammen geſetzten Leib herfür zu-
bringen / ohne allein ſo weit ſie durch andere ſonderbahre Kräffte regieret werden / wie offenbahr-
lich

lich an den lebenden Geschöpffen zu sehen ist.
Diese nähere Ursache denn / oder Mineralische
Krafft oder Geist bedienet sich der Elementischen
Eigenschafften/sonderlich der Wärme undKäl-
te/zu deren Werckzeugen in der Gebährung der
Metallen. Wenn die Wärme gleichförmig die
jrrdischen und feuchten Theile zusammen mi-
schet/welche die Materie sind / daraus die Metallen gemacht werden / so kochet/ zeitiget und di-
cket sie die Materie/und die Kälte coaguliret und
machet sie harte / und also hat es die Form des
Metalls angenommen / und ist mehr oder weniger vollkommen / nach der gegenwertigen disposition oder Schickung der Materie / als der Mineralische Geist in ihr zu wircken begonnen: Hier-
auff ist gegründet die Meynung des Callisthe-
nes/Alberti Magni und anderer/ die da sagen/es
sey nur ein Geschlecht des vollkommenen Me-
talls/welches Gold ist; und daß alle andere / die
wir so nennen/nur der Anfang oder Stuffen zu
demselben sind. Weswegen sie schliessen/ daß es
gar wol zu thun sey/dieselben durch die Kunst zur
Vollkommenheit zu bringen / und sie in Gold zu
verwändeln. Die jenigen / welche der Mügligkeit desselben sich entgegen setzen / die gründen ihre
Schlußreden darauf/daß sie probiren wolle/daß
jedwedere Art oder Geschlecht der Metallen in ihr
selber vollkommen sey/und machen zwischen denselben ein Unterscheid / und dahero sey von einem
zu dem andern fort zugehen unmüglich.   Ihre

Schluß-Rede aber erweiset nichts / und ob es
schon erhalten wäre / so würde doch auß dieser
Einwendung nichts folgen. Denn wir sehen /
daß dergleichen und weit schwerere Verwand-
lungen zu wege gebracht werden beydes durch die
Kunst / und der Natur. Durch die Kunst werden Wespen und Bienen von dem Mist der Thiere gemacht / und von dem Kraut Basilien / wenn
es recht gepflantzet und eingerichtet wird / werden
Scorpionen herfür gebracht. So ist auch genugsam bekand / daß in Schottland die Stücken
von alten Schiffen / und von Früchten / so in das
Meer fallen / zu lebendigen Enten werden / und
ist doch keine Vergleichung zwischen der distantz
der leblosen Dinge mit den lebenden Thieren /
und zwischen der von einem Metal zu dem andern. Nebenst diesen daß viel Dinge zu diesem
Ende angefuhret werden könten / ist bereits gesaget worden / wie etliche Wasser = Stöcke oder
Stämme in Stein verwandeln. So ist auch
in der Nahrung aller lebendigen Creaturen eine
immerwhrende transmutation und Verwandelung. In den Metallen ist das Augenschein-
lich zu sehen bey dem Stein Lipis (oder blauen o-
der grünen Vitriol) welcher / wie gedacht / wenn
er in Wasser solviret wird ohn einig ander Kunst-
stück / Bley / Zinn oder Eisen in fein Kupffer verwandelt. Und ob dieses schon probabiliter mag
geschlossen werden / daß die Metalle nach ihrer
Art eines von dem andern unterschieden sey / sintemahl

temahl die Beschreibung der Metallen sich auff
ein iedwedes derselben sich schicket / so wohl als
auff das Gold / wegen der sonderbahren Eigenschafften / so mit einem ieden unter ihnen ü-
berein kommen. Und weil wir sie bleibend sehen
und ohn einiges Zeichen / daß die Natur eines in
das andere zu verwandeln oder selbige in Gold
zu erhöhen sich bemühet. Und wegen vieler andern Ursachen / so angeführet werden möchten.
Nichts desto weniger ist die wiedrige Meynung
des Calisthenes und Alberti Magni gar schein-
bar und der Warheit ehnlich. Denn es ist nicht
zu schliessen daß zwey Dinge in der Specie oder
Art unterschieden sind / weil einerley Beschreibung auff beyde derselben sich schicket / wo nicht
der wesentliche Unterscheid / der Sache machet /
darinn erwiesen wird. Als wenn jemand saget
daß ein Mensch und ein Löwe Thiere sind / so
kan er darauß nicht folglich recht schliessen/daß sie
unterschiedlicher Gattug sind / denn so würde
Peter und Paul in specie unterschieden seyn /
wenn es nicht geschehe wegen des Unterscheids
des vernünfftigen und unvernünfftigen / welches das genus limitiret. Also auch ob schon die
Beschreibung der Metallen / sich eben so wohl zu
dem Bley und Silber schicket / als zu dem Golde / so kan doch einer darauß nicht recht schliessen/
daß sie in Specie oder nach ihrer Art unterschieden sind / weil das eine vollkommen seyn kan/als
Gold / und das andere unvollkommen / wie die

E iij   andern

andern alle sind in derselben Art der Metallen /
wie ein Kind ist gegen einen Mann zu rechnen /
ob sie gleich allebeyde einerley wesentliche Beschreibung haben; das Kind kan zu der Vollkommenheit auffwachsen / und auch ein Mann
werden. Die unterschiedene proportiones der
Metallen machen bißweilen auch das eine man-
gelhafft/nachdem die zufälligen Dinge sind/wel-
che dessen Unvollkommenheit begleiten / und also
sind sie bequem/auß dem Wege zu räumen. Das
bleibende Wesen / daß sie in ihrer Art zu haben
scheinen entstehen (1.) von der Langsamkeit ihrer Wachsung oder Verbesserung / welche von
dem Menschlichen Auffmerckung nicht begrief-
fen werden kan; denn auch selber das Wachsen
der Vegetabilien kan nicht wahr genommen werden / ob wir schon nach einer geraumen Zeit unterscheiden und sehen können/daß sie gewachsen
sind; oder (2.) von dem Geitz des Menschlichen Geschlechts / welche die Metallen auß dem
innersten der Erden herauß graben / ehe, sie zu ihrer völligen Zeitigung kommen.

Das 21. Capittel.
Unterschiedliche Zufälle der Metallen.

SOlviret werden / und wiederumb zu der coa-
gulation kommen seyn / ist einer von den zu-
fallen der Metallen. Wiewohl solches auch
in an-

inandern Dingen gefunden wird / iedoch iſt es
in den Metallen auff eine ſonderbahre Weiſe.
Die Urſache dieſes Zufalls iſt die Feuchtigkeit;
darauß es zuſammen geſetzet iſt / welche / wenn
ſie durch die Kälte harte worden iſt wird ſie durch
die Hitze oder Wärme des Feuers wie der ſolvi-
ret mit weniger oder mehr Schwerigkeit / nach
dem Unterſcheid der proportion, und ſtarcker o-
der ſchwachen Vermiſchung deſſelben mit der irr-
diſchen Subſtantz oder Weſen. Zinn hat gar
viel Feuchtigkeit in ſich / und iſt recht übel mit irrdiſcher Subſtantz vermiſchet / und von dieſer letzten
kömt das Kirren und Gereuſch her welches es
zwiſchen den Zähnen machet / wenn man darein
beiſſet; und von beyden entſtehet / daß es ſo leicht
und geſchwinder als alle andere Metallen ge-
ſchmeltzet. Nechſt dieſem ſchmeltzet das Bley
leichter als das Silber / welches ein ſtärcker Feuer
nöthig hat / weil deſſen irrdiſche und feuchte Theile wohl und ſtarck mit einander vermiſchet ſind /
unangeſehen die Feuchtigkeit ein wenig die Ober-
hand hat. Das Gold / weil es in ſeinen Theilen eine beſſere Vermiſchung hat / und der Schwefel in deſſen Zuſammenſetzung figiret / oder deſſen irrdiſcher Theil das reineſte / ſo immer ſeyn
kan / iſt / iſt härter zuſchmeltzen als Silber / Eiſen / weil deſſen irrdiſches Theil grob und unrein
iſt / und die Feuchtigkeit übertrifft / und alſo ihre
Vermiſchung übel beſchaffen und ungleich iſt /
ſo verbrennet und verzehret ſich ſo offt als es in

E ij   dem

dem Feuer heiß wird/und wil davon nicht schmeltzen ohn überauß grosse Gewalt. Etliche vermey-
nen Kupffer sey ein Metal/ das dem Geschlecht
des Eisens gar nahe sey/und ob es schon eine grössere Gleichheit in seiner Vermischung hat/ so ist
es doch langsamer zuschmeltzen/ weil dessen irr-
discher Theil gar verbrand ist.

Der Glantz und Schein aller Metallen komt
gleichsam her von eben derselben Sache; denn
wenn ihre Oberfleche glat und poliret oder glän-
tzend gemacht wird/ so viel reiner und subtiler
denn das wässerige Theil des Metalls ist/ so viel
mehr Glantz giebt es auch von sich: Gold übertrifft alle andere Metallen/ so wohl in diesem als
in andern absonderlichen Stücken/ und nach
diesem ist das Silber. Die weisse ist eine gemeine Farbe in unterschiedlichen Metallen/wiewohl
das Silber deßfalls das vollkommenste ist. Ich
kan mir nicht einbilden/ mit was für Augen
Cardanus es angesehen/wenn es ihm gedeuchtet/
daß es schwartz sey; die Ursache der weisse ist die
Feuchtigkeit/ welche durch das trockene/ feine
und wohl gekochte irrdische Theil terminiret ist;
denn wenn es trocken/ unreine und verbrennlich
wäre/ so würde es eine schwartze und dunckele
Farbe verursachen; und nach dem Unterscheid
der irrdischen Theile der Metallen/ hierinnen
entstehet ihre Farbe mehr oder weniger weiß.
Gold ist gelb oder roth/ welche Farbe herkomt
von der Tinctur, die der gar wohlgezeigte Schwefel

sel dem Quecksilber / oder dem feuchten Theilen
darauß es zusammen gesetzet ist / giebt / als wir in
allerhand Laugen / Harn / und andern auff star=
cken Feuer gekochten Feuchtigkeiten sehen / daß
sie eine rothe Farbe von der irrdischen Substantz
damit sie vermischet sind / herrührend haben / die
Farbe des Kupffers komt von eben denselben An=
fang her / ob es schon wegen der Unreinigkeit /
Verbrennligkeit oder übeln Vermischung seiner
Theile die Farbe des Goldes / viel weniger dessen
Reichthumb und andere Edele Eigenschafften
nicht erreichet.

Ins gemein schmecken oder riechen die Me=
tallen nicht wohl / wegen ihrer Schwefelichten
Eigenschafft / wiewohl Gold wohl schmecket und
riechet / wegen seiner aller fürtrefflichsten Ver=
mischung und Temperaments, oder zum we=
nigsten riechet und schmecket es nicht übel. Umb
eben dieser Ursachen besudeln und schwärtzen auch
die Metallen die Hände oder alle andere Dinge /
die sie anrühren / nur außgenommen das Gold /
wegen seiner unvergleichlichen Reinigkeit. Ein
andere Eigenschafft ist auch / daß sie sich ziehen
und hämmern / oder schlagen lassen / welche her=
kommet von der Feuchtigkeit / die in den trocke=
nen Theilen eingeschlossen ist / welche den Strei=
chen des Hammers nachgiebt / und den Orth
verändert / davon die Außdehnung oder Außzie=
hung des Metalls herkomt. Unter allen Me=
tallen lässet sich das Gold am besten ziehen / dar=
nach

nach das Silber / alsdann das feine Kupffer /
Eisen / Zinn / Bley und dergleichen. Die Metallen verbrennen und werden im Feuer verzehret
von dem feisten Schwefel / oder irrdischen Theilen / wie im Gegentheil diese Theile so sie von
Feuchtigkeit oder Quecksilber haben / sie dafür be-
schützen und bewahren. Die Theile des Goldes
und Silbers sind so rein und starck zusammen
gepacket / daß das irrdische Theil die Feuchten vor
dem Außdämpffen beschirmen / und die Feuchtigkeit bewahret den irrdischen Theil vor Verbrennung / und also halten sie das Feuer auß ohne
alle Vermünderung oder Verderbung. Andere Metallen aber werden im Feuer zerstöret /
wegen Mangel der Vollkommenheit oder feste
Zusammenhaltung der Theile / daran sie zusammen gesetzet sind.

Das 22. Capittel.
Von der Zahl der Metallen / und den Orten / woselbst sie gezeu- get werden.

Je jenigen / welche über-sorgfältig und
fleißig sind den Sternen und Planeten
sonderbahre Influentien oder Einflüsse
und Beherschung über alle unter dem Monden
befindliche Dinge zu zueignen / schreiben die Herfürbringung der Edelgesteine / der Ober-Her-
schafft der Fix-sternen zu / welche denselben es
nach

nach zuthun scheinen nicht allein in ihren Glantz
und Schein / damit sie blinckern / sondern für=
nehmlich in der Reinligkeit und Beständigkeit
ihres Wesens ; wie im Gegentheil was die Un=
beständigkeit und alteration oder Veränderuug
der Forme der Metallen betrifft / die zuweilen
flüssig / zur andern Zeit coaguliret sind / denen
schreiben sie die sonderbahre Regierung der Pla=
neten zu (welche von ihrer mannigfaltigen Be=
wegungen umbschweiffende oder irrende Ster=
nen genennet werden) zu dem eignen sie den Me=
tallen zu die Zahl / Namen und Farben der Pla=
neten / nennend das Gold die Sonne; Silber
den Mond; Kupffer Venus; Eisen Mars;
Bley Saturnus ; Quecksilber Mercurius;
wiewohl das letzte kein Metall ist / etliche nennen
es an dessen Stat / Electrum Mercurii (welches
eine Natürliche Vermischung des Goldes und
Silbers ist) / vor diesem für das allerköstlichste
Metall geschätzet worden / aber diese Ersetzung an
des vorigen Stelle und Zueignung ist ungewiß /
wie denn auch die Meynung/daß nur sieben Me=
tallen an der Zahl seyn / da doch der Warheit
nicht ungemäß / daß in den Eingeweiden der Er=
de mehr Arten sind/ als wir noch kennen.   Vor
wenig Jahren ward in Böhmen in den Sudö=
tischen Gebirge ein Metall gefunden / welches sie
Wißmuth heissen / welches ein Metall zwischen
Zinn und Bley ist / und doch von beyden unter=
schieden. Es sind ihrer gar wenig/die es kennen/
und

und ist wohl müglich / daß mehr Metallen / ins
gemein nicht in Erkäntnüß kommen seyn / und
so ja iemand die Darstellung und Gleichheit zwischen den Metallen und den Planeten zulassen
wolte / so hat doch die heutige Erfahrung durch
die fürtrefflichen Ergrösserungs-oder Form-Glä-
ser offenbahret / daß ihrer mehr als sieben seyn.
Galilæus de Galilæis hat einen Tractat geschrieben von den Trabanten des Jupiters / alda man
sehr sinnreiche Anmerckungen von der Zahl und
Bewegung / dieser neuen Planeten / findet.

Die Vernunfft und die Erfahrung lehret /
daß der tüchtigste Platz zur generation oder Gebährung der Metallen die Adern oder Gänge der
Erden sind / welche durch derselben grossen Leib
lauffen als die fürnehmsten Behältnüsse derer
bleibenden Feuchtigkeit / so mit derselben Fe-
stigkeit und Härte überein kömmet / wie das Blut
in den Leibern der Thiere. Die Steine / so zwischen den Metallen gemeiniglich gezeuget werden
und die sie Caxas oder Behältnüsse heissen / dienen zur Leitung oder Röhren darinne die unter-
irrdische und Himmlische Wärme einander begegnen / und sich miteinander vereinigen / in dem
sie die Dünste auffrühren / und die Materie / darauß die Metallen gemacht werden / vermischen
und reinigen / und ihr keine Zeit geben / daß sie in
allerley Oerter sich wende und sich zerstreue. Was
zwischen den Behältnissen sich vereinbahret / das
wird eine Ader oder ein Ertzgang genennet / und
was

was die Zeit hat zu Staub gemacht / oder zer=
malmet / oder die Regen von der Materie / die es
außfüllet / weggeführet / wird hin und her zer=
streuet gefunden / wenn das Gebirge zerbrochen
wird / und durch dieselben sich hinweg stösset / wel=
ches die Gesteine oder der Berg des Metals sind.
Welche diese Kunst am besten verstehen / glauben /
daß das Gold / welches in dem Sande an den
Flüssen gefunden wird / gleichen Ursprung habe /
und daß es nicht in dem Sand generiret wird /
wie es sonsten unterschiedliche haben wollen / son=
dern in den Adern der Erden / von dannen es
durch den Regen in die Bäche geführet wird.
Doch dem sey wie ihm wolle / (wiewohl das /
was gesagt worden der natürlichere und ordent=
lichere Weg dessen Herkommens ist) so geschicht
doch offtmahls / daß in etlichen Theilen oder
Stücken des Landes man etwas findet / welches
Creoderos genennet wird / dar die Metallen auß
den Adern durch die disposition oder Schickung
der Materie und der Macht der Mineralischen
Krafft / welche alda einander begegnen / generi=
ret werden.

Das 23. Capittel.

Die Art und Weise / wie sie die A=
dern oder Gänge der Metal=
len finden.

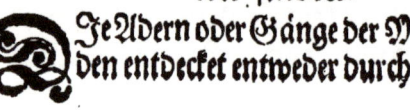

Je Adern oder Gänge der Metallen wer=
den entdecket entweder durch die Kunst o=
der

der durch das Glück. Gewaltige Wasser-Güs-
se erschwemmen offt die obere Decke der Erde abe/
und lassen also die Ertz-Adern/ so einige alda vor-
handen/bloß vor Augen liegen; Grosse Sturm-
winde reissen mannichmahl die Bäume bey den
Gesteine/ und damit zugleich etliche Metallische
Steine von dem Ort herauß: Dergleichen Wirckung hat auch das Hinfallen der Klippen und
Steinfelsen/ so entweder durch Donner-Wet-
ter verursachet wird/ oder durch grosse Regen/
der den Leim/ welcher sie zusammen hielte/ hinweg wäschet; Offtmahls sind auch reich Ertz-
gänge durch den Pflug entdecket worden/wie Ju-
stinus Meldung thut von dem Golde/ das in
Spanien also gefunden worden. Auff meinen
eigenen Grund und Boden/eine Vierthel-Mei-
le von Chuquisaca, als auff der Höhe eines
Berges gepflüget ward/entdeckte ich einen Gang
von Soroches oder Atrament; Und ist gläub-
lich/ daß dergleichen sich zuträget in unterschiedlichen andern Theilen dieser Landschafften/wel-
che so fruchtbar an Mineralien seyn; und daß
der Unverstand der Acker-Leute die Ursache gewe-
sen/ daß sie den Reichthum den ihnen das Glück
in die Hände gegeben/ nicht zu Nutze gebracht
haben. Lucretius hat in seinen zierlichen Ver-
sen vorgestellet/ wie die Gebirge/ wenn Feuer
daran geleget worden/ entweder mit Vor-
satz/ oder ohngefehr/ der Welt die Natur
der Metallen offenbahret in dem es dieselben zer-
schmol-

schmoltzen / und auß den Steinfelsen / darinnen sie verborgen lagen herauß fliessen machen/
in der Gestalt / wie sie nun bekant sind. Durch
dergleichen Zufall ist auch geschehen/ und kan
ferner geschehen mit der Entdeckung der Adern
der Metallen / davon die Spanischen Geschichte uns versichern in der Verbrennung des Pire-
neischen Gebirges; So ist auch eine viel gerin-
gere Gewalt als diese offt genug gewesen / wenn
das Glück in Willens gewesen den seinen/denen
es wohl gewolt Reichthum mit zutheilen. Ein
Mann / als er auff einen Wagen-Pferde über
die Gegend bey Goßlar ritte / ist das Erdreich
von der geringen Gewalt der Füsse seines Pferdes
zerbrochen / und hat ihm einen gar reichen Ertz-
gang/wie Agricola erzehlet / offenbahret. Ein
Indianischer Knecht / der bey den Wurtzeln etliche Sträucher Tola, so eine Art Holtz und gemein in diesem Lande ist / außrauffete / riß zugleich mit den Wurtzeln einen reichen Handstein
von Ertz mit herauß /welcher Silber /weiß/und
als ein Pulver war; Dieses geschach eine halbe
Meile von dem Bergwerck St. Christopff de
Achacalle, er brachte mir den Handstein nach
Hause/ und wiese den Berg-Beambten den
Orth. Als das reiche Bergwerck zu Tuno in
der Landschafft Carangas wegen seines Reichthumbs anfieng berühmt zu werden/ kamen viel
Bergleute Hauffen weise dahin / unter denen etliche /welche gar arm waren/ Theil an den Bergwerck

werck das albereit entdecket war / mit zu erlangen'/
versuchten und sich deßwegen unter einander be-
rathschlagten wie sie ihr Brod gewinnen solten /
sprach einer unter ihnen: So GOtt wil / werden wir alhier genug bekommen / uns zu erhalten / stieß darmit zugleich mit seinem Fuß auff die
Erde / und sahe unter einen kleinen Theil
Erde / welche er mit so geringer Mühe auffgra-
ben kunte / ein Stück weiß Silber / welches er
mit grosser Verwunderung herauß zog / und damit ihre gegenwertige Gelegenheit ohne einige
fernere Arbeit bezahlete. Das Stück Silber
war so groß als ein Botyvela (das ist ein Spanisch Gefäß / welches bey ein Stübichen oder
vier Quartier hält) und dieser Silber-gang/gab
in dem Sande / der unter diesem Hand-Stein
oder vielmehr gediegen Silber gefunden ward /
beydes ihnen und andern grossen Reichthum.
Daßelbe Bergwerck wird genant der Armen
Leute Bergwerck/und ist das reicheste unter allen / so in dieser berühmten Gegend ist. Das
Bergwerck in den Lipes ward auch ohngefehr er-
funden / unter den Gesteine desselben hatten ein
hauffen Biscaches welches ein klein Thier ist in der
Grösse eines Hasens/(eine gemeine Art/und von
guter Nahrung an diesen Orten) ihre Jungen.
Als nun einmahl eines mit einem Rohr getödtet
ward / fand der Mann / der es geschossen hat / es
tod liegen auff einen reichen farellon oder Stück
Silber / und hieß den Ertz-gang Neuftra Senio-

rz

ra de la Candelaria diſcubredora, hernach ließ
er ihm unterſchiedliche andere Gänge / zuſchrei-
ben / welche dieſe, Gegend dermaſſen berühmt
machten / daß ein hauffen Spanier dahin ſich be-
gaben / und dieſes wird vor das dritte beſte Bergwerck in gantz Indien gerechnet / nemlich nach
Potoſi und Oruro.

Das 24. Capittel.

Uber dieſe Ertzgänge / welche ſich
ſelber entdecken / oder ohngefehr gefunden werden; als zuvor gemeldet iſt / ſind
noch andere die durch Kunſt und
Fleiß der Menſchen zu wege
gebracht werden.

Je Farbe der oben am Tage liegende Erde iſt nicht eine geringe Anzeigung / ob
Metallen in den Eingeweiden der Erde
ſind oder nicht. Wie in dem Erſten Capitel
dieſes Buches gedacht worden / und hat ſich alſo
in der Erfahrung in allen bißanhero in dieſem
Königreich entdeckten Bergwercken befunden /
in dem die am Tage liegende Erde weit anders
auß ſiehet als andere Erde / auch in dem Anſehen
derer / die in dieſer Materie gar wenig erfahren
ſind. Es iſt keine gewiſſe unbetriegliche Regel
an der Farbe der Erde zu urtheilen / was für eine
Art Metall ſie halte / weil ſolches allein durch die
Erfahrung und Probe erkennet wird / als wir ſe-
F heu /

hen / an dem Golde / welches gemeiniglich in
rother / oder gelber mit weiß roth gefärbter Erde /
die gleich einem hart gebrandten Ziegelstein auß-
siehet / gefunden wird. Nichts desto weniger
werden in den Bergwercken Oruro und Chianta
dessen Gänge in weissen Kalck gefunden. In
diesen Landschafften ist die Erde der andern Mineralien gemeiniglich röthlicht / an der Farbe wie
Weitzen; nach dem Vorbild Potosi (welches
ihr Original oder erster Ursprung ist). Von
dergleichen Farbe ist die zu Scapi, Perira und andern Orthen in Lipes, welches Kupffer herfür
bringet. Und ob schon die Erde zuweilen grau /
grün / und rothfärbig gefunden wird / so ist sie
doch ins gemein an der Farbe wie Weitzen. E-
ben dergleichen Art Erde wird auch in den Bley-
Bergwercken gefunden; also daß die wahre Erkäntnüß / was für eine Art Metall verhanden /
allein an der Probierung des Ertzes hanget.
Die Ertzgänge werden bißweilen über den
Grund in grossen Steinen gefunden / welche /
wenn sie zerbrochen werden / erkennet der Berg-
mann daß sie Metall halten und probiret sie /
und fähret alda ein / so er einen guten Muth darzu bekomt und befindet / daß der Gang werde
gute Außbeute geben. Wenn aber die Gänge
bedecket sind / suchen sie die dergestalt / nemlich /
sie nehmen in ihre Hand eine sonderliche Krücke /
welche eine Stählerne Spitze an dem einem Ende hat darmit zu graben / und einem stumpffen
Kopff

Kopff an dem andern Ende die Steine darmit
zu zerbrechen. Hiermit gehen ſie zu den Löchern
des Gebirges / da der Herabfall des Regens her-
unter gehet / oder zu einem andern Theil des Fuſ-
ſes des Gebirges / und alda ſehen ſie / was ſie für
Steine darmit antreffen / und brechen die jenigen
in Stücke / die ihres Erachtens Metall in ſich halten; von denen finden ſie manchmahl beydes /
mittelmäſſige und kleine Steine von Metallen.
Alsdann betrachten ſie / wie der Orth lieget / und
woher dieſe Steine kommen oder fallen können / welches nothwendig von einem höhern
Orth geſchehen muß / und folgen alſo der Spur
dieſer Steine nach auff dem Berg ſo lange biß
ſie einen dergleichen können finden / und wenn ſie
ſo hoch gelanget / daß keine von dieſen Steinen
mehr zuſehen ſind / ſo iſt es ein gewiſſes Zeichen /
daß alda oder da herumb der Gang ſeinen Anfang habe / alda öffnen ſie die Erde / und verfolgen ihr Bergwerck / nachdem die Ertz-Adern /
welche ſie damit angetroffen ſie führen und lei-
ten.

Der Außfluß des Waſſers an der Seiten
des Gebirges iſt ein recht gut Zeichen daß die Ertz-
gänge nahe ſeyn / weil ſie gemeiniglich derſelben
Leitröhren ſind.

Wenn Bäume / Gepüſche und andere Ge-
wächſe und ander dergleichen Geſträuche gefunden werden / daß ſie langs in der Reihe ſtehen /
als wenn ſie durch eine Linie gepflantzet wären /

F ij ſo

so zeiget solches oftermahls an/daß ein Ertz-gang
darunter hingehe.

Die Gewächse/so über den Gängen der Metallen wachsen / sind nicht so groß an Wachs-
thum / noch so starck an der Farbe / als andere
dergleichen Gattung. Weil die Außdämpffungen / welche von den Ertz-Adern kommen /
sie blässer macht und sie an ihrer Vollkommenheit hindert; ümb eben der Ursachen willen/ver-
gehet auch der Morgen-Thau / und der Schnee
geschwinder von denen Gebirgen / welche Ertz-
gänge haben / als von denen / welche keine haben/
und von den Orten/da die Gänge streichen/eher/
als von andern Orten desselbigen Gebirges.

Das 25. Capittel.

Von allerhand Arten der Gänge/ und wie sie zu finden.

OB schon das Wort Gang oder Ader
ein allgemein Kunstwort ist / das allen
Orten die Metall in sich haben / gegeben
wird/iedoch wird es in der eigentlichen Sprache
der Bergleute denen Gängen zugeeignet /welche
schnur gleich hinab fallen / oder / welches ge-
bräuchlicher ist / von dem Horizont, streichen.
Und diese Gänge welche gerade in den Grund
streichen / ohne einige merckliche depression von
dem Horizont, nennen sie Manto (ein Wort welches einen Mantel oder Decke so die Weiber in
Spa-

Spanien über ihr Haupt und Schultern tragen bedeutet/) beyde dieser art gänge werden ge-
wöhnlich gefunden/ wiewohl gar gemeiniglich
die Bergwercke so gearbeitet werden/ diese sind/
die niederwerts gehen. Die Gänge/ welche am
seltzamsten unter allen gefunden werden/ sind die
jenigen welche die Spanier Sombreros (welches
mehrer Sprache einen Schaubhut bedeutet) o-
der einen Haupt-Gang heißen/ welcher ist/ da
die Metallen über einen Klumpen beysammen
gefunden werden/ in was Menge oder Weite
sie wollen/ von dannen die Gänge streichen/ entweder nieder-seitwerts.

In was vertical-Ebene die Gänge der Metallen ins gemein streichen/ ist von allen Berg-
Leuten in Europa mit sonderlichen Fleiß ange-
mercket/als welches ein gewißes Zeichen des gröf-
sern oder geringern Reichthumbs und überfluf-
ses des Bergwercks ist/ in dem sie für die Haupt
oder furnehmsten Gänge halten/ welche von
Morgen nach dem Abend zu/ oder daherumb in
der Mitternächtischen Theile des Gebirges streichen. Nechst diesen halten sie diese für die besten/
(in dem Mitternächtischen Theile des Gebirges)
welche gegen Mitternacht und Mittag und da
herumb streichen. Den dritten Preiß geben sie
denen Gängen/ welche nach Mitternacht und
Mittag/ an der Ost-Seiten des Gebirges strei-
chen/ diejenigen aber/ welche anders und wie-
driges Weges strichen/ schätzten sie wenig oder
gar

gar nichts. Ob die Gänge gegen Morgen o-
der Abend streichen / ist leicht zu sehen an dem
Sand oder Körnern der Steine / an dero Zu-
sammenfügung der Steine oder in den Behalt-
nüssen / welche das Metall in sich halten / denn
derselbe gehet niederwerts nach dem Theile zu / da
der Ertzgang sich endet. Eine Sache/die leichtlich in den Stücken der Felsen welche oberhalb der
Erden gefunden werden / in acht zu nehmen ist.
Und die / welche inwendig in derselben sind / streichen auff eben solche Weise: Sie geben uns auch
andere dergleichen Zeichen/wodurch zu erkennen /
welche Bäche oder Flüsse Gold führen / aber mit
wenigem Grunde / weil das Gold alda nicht gewachsen ist / sondern in den Gängen des Gebirges / von dannen die Zeit und der Herab-schuß
des Wassers es mit weggeführet hat: Aber der
jenigen Urtheil und Meynung / welche obgemel-
ter massen gelehret und zu dem Ende geschrieben
haben / nicht zu hindern / so sage ich daß in den
meisten Theilen in den Europeischen Bergwercken / und auch an diesen Orthen/die Erfahrung
das Wiederspiel erwiesen/welche / wie ich zuvorher sehe / antworten werden und sagen / daß offtmahls eine Wirckung über vermuthen herfür-
bracht wird / und daß diese Regel so wohl ihr ex-
ception habe als andere; nichts destoweniger /
so uns in dieser Neuen Welt / und entgegenge-
setzten Climate vergöñet ist/ neue Reguln aus der
Erfahrung in den reichẽBergwercken Potosi zu-
machen;

machen; So wolte ich die erste Stelle des Reich-
thums und Uberflusses denen Gängen zueignen/
welche gegen Mitternacht und Mittag auff der
Mitternächtischen Seite des Gebirges streichen/
welcher Punct des Compasses/mit einer gar kleinen Abweisung gegen dem Abend/ die vier vor-
nehmsten Bergwercke dieses Gebirges in acht
nimmet; nemlich das Bergwerck Cenxeno, welches das zu Descubeidora war; das reiche Bergwerck; das Zinnbergwerck; und das Bergwerck
zu Mendiet : Die andere Stelle wolte ich geben
denen/welche gegen Mitternacht und Mittage/
an der Mittags Seiten des Gebirges streichen.
Ein Punct der mit dem Compaß parallel, ist/
darunter die besten Gänge des andern berühmten Bergwercks des Königreichs streichen/ welches seinen Namen von der berühmten Stadt
St. Philip von Oesterreich hat/ genennet Oruro, das an Reichthum seiner Ertzadern/an Uberfluß der Metallen an Tieffe seiner Gängen/ und
an grosser Menge Einwohner billich mit der
Grösse Potosi streitet.

In unterschiedlichen Orten streichen sehr
reiche Ertz-Gänge gegen Morgen und Abend/
und auch zu allerley andern Puncten des Com-
passes/ daß also die beste Regel in dieser Materie
zu gehen ist/ daß man dem Metall folge/ wie es
sich selber entdecket/ und so lange als seiner darbey gewinnet/ oder zum wenigsten sich selbst löse/
so lange ist es der Mühe wehrt demselben zufol-

F ij   gen/

gen/ weil wenn er sicher ist/ daß er nichts zuver-
lieren hat ehe der Gang zu grossen Reichthumb
führen will/; und wenn der Gang groß ist/ und
einige zeichen des Goldes oder Silbers hat/ ob
er schon gegenwärtig die Kost nicht abwirfft/ so
fahre man nur getrost in der Arbeit fort/ und
habe eine gewisse Hoffnung einen grossen Nutzen
zu gewinnen. Dieses hat die Erfahrung in allen Bergwercken dieser Landen bestätiget. Ein
frisch Exempel dessen haben wir in dem reichen
Bergwercken Chocaja, woselbst auff Unterricht
und Vertröstung der Bergleute/ nachdem sie
vierzig Jahr desselben Gänge mit gar wenigen
Nutz bearbeitet/ endlich aber einen überaus grossen Reichtum angetroffen/ dergleichen jedweder
unter uns niemahls gehöret und gesehen. So
die Gänge der Metallen gar klein seyn/ so müssen sie überaus Reich seyn/ wen es sich die Mühe
belohnen soll sie zu verfolgen; Wen die Metalle auff den Steinen auffgetruckt/ und auch in
den Löchern oder Höllen dieser Steine also angetroffen werden/ so werden sie gefunden wie die
Körner von Büchsen Pulver (welches die Spanier Plomo heissen) und unrein Silber ist/ ob
schon dieser Körner sehr wenig ist/ und das übri-
ge Ertz kein Silber hält/ so ist es doch nichts destoweniger ein Zeichen/ daß der Gang reich ist/
wenn er mit mehrer Feuchtigkeit angetroffe wird.
Da er in dem grossen Bergwerck St. Christoph
in Lipes fürfället/ welches sie des armen Mannes

nes Schatz nennen/ wenn sie weiter graben/und
sie einen gröffern Uberfluß die Körner de Plomo
antreffen/ so ist es ein Zeichen daß das reiche
Ertz gar nahe ist. Wenn sie Berggrün/
Operment/ Reußgelb/ oder rothen Schwefel in den Bergwercken oder Ertz Adern/
oder ein Eisenfärbige Erde/ nebenst den Stei-
nen/ welche das Ertz halten oder Wasch Erde
zwischen den Steinen antreffen/ das sind alles
gute Zeichen daß die Bergwercke reich seyn.
Es ist auch kein böses Zeichen/ wenn sie trockene
Erde antreffen/ so dieselbe gelbe/roth/ schwartz/
oder von einer ander sonderbahren Farbe ist/und
ist umb so viel beffer/ wenn etliche Anzeigungen
von Bley darmit vermischet sind. Kalckichter
Grund ist eine gute Vertröstung/ und hält A-
gricola für ein gut Zeichen/ wenn man denselben in der Ertz-Ader antrifft/ so er überauß sub-
tiel/ und für ein gar böses/ wenn er mit Erde
voller kleinen Kiesel-Steine gefunden wird/so es
lange wehret und sich nicht in einen andern
Grund und Boden verändert.

Das 26. Capittel.
Von den Metallen insonderheit/
und erstlich von dem Golde.

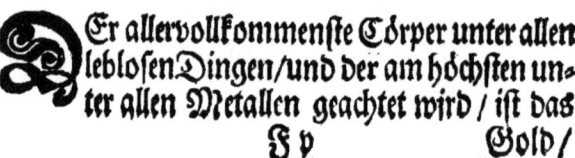

Er allervollkommenste Cörper unter allen
leblosen Dingen/und der am höchsten unter allen Metallen geachtet wird/ ist das
F v. Gold/

Gold / welches jedermänniglich bekand ist / und
von allen Völckern begehret wird. Es ist auß
elender Materie gemacht/und auff dieselbe Wei-
se/wie die andern Metallen/ (wie allbereit erwiesen worden) aber von so reinen und vollkommenen Theilen/und die so wohl zusammen gefasset
sind / durch die Kochung/daß dessen Substantz
und Wesen gleichsam unverweßlich ist/und von
der Gewalt keines Elements verderbet und zerstöret werden kan. Das Feuer/welches alle andere Metallen verzehret / machet das Gold nur reiner; Die Lufft und das Wasser verringern seinen Glantz nicht/so kan auch die Erde es nicht ro-
stig machen noch zernichten. Durch seine edele
Substantz und Wesen hat es billich die Schätz-
barkeit erhalten/welche die Welt ihm giebet/und
die natürliche Tugend / welche von der wunderbahren Gleichheit seiner Zusammensetzung her-
fliesset/ist die beste Artzney wider die Melancholey/
und die grösseste Hertzstärckung der Menschen/
welche ohnauffhörlich nach diesem dem Geitz un-
terworffenen Metall rennen und lauffen / als die
Compas-Nadel nach dem Magnet. Die Eigenschafften die es in gemein hat mit andern Metallen / sind kürtzlich in dem 21. Cap. berühret
worden. Die Tugend die sie dem auro potabili
oder Träncklichen Golde zuschreiben/ daß es den
Leib in steter Jugend erhalte/wie auch die Art und
Weise dasselbe zu zubereiten stehet bey dem Glauben der Authoren/ welche davon geschrieben haben

ben. Viel Beschreibere dieses Subjecti erzehlen
die Namen unterschiedlicher Gegenden / Gebirgen un der Flüsse / welche wegen Herfürbringung
des Goldes berühmt seyn; Mein Vorhaben aber
ist nicht allzuweitläufftig zu seyn / und derowegen
trage ich nicht allein Bedencken / anhero zu setzen /
was andere Leute davon geschrieben / sondern
auch von den grösten Theil der Bergwercke in
dieser Neuen Welt / wie auch derer in unterschiedlichen Landschäfften in Peru zu handeln: und habe mir allein vörgenommen / Euer Herrligkeit eine kurtze Erzehlung zu thun von denen / welche in
der Königlichen Audiencia de los Charcas gefunden werden / derer Regierung Eurer Herrligkeit
Sorgfalt würdiglich untergeben und anvertrau-
et ist. Jedermänniglich ist bekand der Nahme
von Carabaya, daß es eine Gegend sey / die voller
feinen Goldes ist / so fein / als das feineste Gold in
Arabia: es hält 23. Carat / und 3. Gran; und
ob schon eine unglaubliche Menge desselben bereits daraus bekommen worden / und noch täglich erhalten wird / so beginnen sie doch nun wiederumb frisch darinnen zu arbeiten / und verfolgen die Gänge desselben unter dem Grunde / ob sie
schon bißher nur allein die Brocken desselben zusammen gesamlet haben / welche durch die Regen
abgewaschen worden. Die Landschafft Larecaja grentzet mit Carabaya, und hat auch einen U-
berfluß an Gold / das man in unterschiedlichen
Bächen dieser Gegend in Gestalt und Farbe eines

nes kleinen Hagels findet / welches wenn es geschmeltzet / und seine eusserliche Decke und Vermischung verzehret wird/so bekompt es eine rothe
Farbe; Der es zum ersten mahl gefunden / hat
es nicht gekant / daß es Gold sey / biß ihm sein
Freund/dem er es offenbahret/ es ihm also gesaget. Nahe bey Larecaja neben Tipuane einem
Landen das von den wilden Indianern bewoh-
net wird/ mit denen wir Krieg geführet / und ihnen offt eingefallen sind / nach dem die Stadt de
la Paz erbauet werden / allda ich damahls zugegen war/ und sind nun über 20.Jahr her verlauf-
fen. Von dieser Gegend sagt man / daß sie so
reich am Gold sey / daß es fast unglaublich wä-
re/ wo nicht so viel augenscheinliche Zeugen solches bekräfftigen. Der eigentliche Name dieser Stadt de la Paz ist Chaquiyapu, die wir ver-
brochen nennen Chuquiabo, welches in der Land-
sprache so viel heist als Chacra, oder Gold-
Grund; Sie hat einem Uberfluß an Bergwercken / welche in der Zeit der Könige von Peru gearbeitet worden. Es ist in gemein bekandt/daß
es ein fruchtbarer Boden an Metallen sey / und
zur Zeit / wenn es regnet / lesen die Kinder auff
den Strassen kleine Bißlein Gold auff / wie die
Apffel-Kerne/ sonderlich in der Strassen/die den
Fluß hinabwerts gehet / bey den Prediger Mün-
chen-Kloster / und in dem Thal Coroico und
andern /welche sie andes de Chuquiabo heissen/
in den Spalten der Felsen hat man auch Gold
gefun-

gefunden von einer grauen Farbe / an der auß-
wendigen Seite/, gleich dem Bley. Die Silber-
bergwercke der berühmten Stadt St. Philipp
von Oesterreich / Oruro, sind rund herumb mit
andern Bergen umbgeben in welchen viel reiche
Gänge von reinen Golde sind / welche zuvor sind
gearbeitet worden: anjetzo wird nur eines gear-
beitet/ und daß auff mein Einrahten; auff den
obern Theil deß Gebirges/ welches über die Sil-
ber-Mühlen streichet/ daß sie de las Sepolturas
heissen/ wenn das Ertz davon wol zu Pulver ge-
stossen und mit Queckfilber probiret wird / giebt
es einen mercklichen Nutzen. Sie haben dieses
Bergwerck niemahls weiter gebauet / auß Mangel deß Verstandes / weil ihr gewöhnlicher Weg
nur auff Silber gerichtet ist/ oder welches ich vielmehr glaube / weil sie zwar in diesen Gängen allbereit gearbeitet / aber so viel Gold / als sie gehof-
fet nicht erlanget haben. Wiewol dieses sie
nicht hätte abschrecken sollen weil man nicht ohne
Ursache schliessen kan/ daß wo so viel Gold-Gänge seyn/ auch etliche unter denselben gar reich seyn
müssen/ wenn sie das gute Glück haben/ dieselben
zuentdecken / welches die tägliche Erfahrung in
den Silber-Bergwercken erwiesen hat.

Die Grentze von Chayanda sind auch voller
Gold-Gänge / und sind etliche alte Bergwercke
in demselben in Abgang gerahten. In dem
Sande deß Flusses / welcher der grosse Fluß ge-
nannt wird / werden Gold-Hörner gefunden/
und

und in dem Fluß Tinquepaya , sieben Meilen
von dieser Stadt Potosi, hat man auch Gold gefunden.

In den Grentzen Paccha , Chuquiehuqui
und Presto nahe bey der Stadt Chuquisaden, sind
viel Höhlen / auß welchen sie etliche Anzeigungen von Gold bekommen / ebenmässig hat man
auch von Fluß Sopachuy, biß an Chyriguanes
gefunden. Allda wird für gewiß gehalten / daß
daselbst reiche Gold-Adern seyn / welche dieses
Jahr die Indianer uns zu offenbahren sich er-
botten.

Der Fluß St. Johannis / welcher an dem
Boden der Landschafft Chiquas fliesset / da er
sich mit dem Fluß Chalchaquies vereinbahret /
ist sehr voller Geld ; In Esmoraca und Chillio,
in derselbigen Landschafft sind die alten Gold-
Bergwercke annoch zu sehen. Allda ist ein Berg
in Lipes , welcher nahe bey Colcha lieget / der
Gold in ihm hat. Daselbst ist auch ein Berg-
werck drey Meilen von dieser Stadt / an einem
Ort/ den sie Abiranis nennen/ welches in der Li-
pischen Sprache so viel heisset / als ein Gold-
Bergwerck. Ich glaube auch gar gewiß / daß
Gold in der Landschafft Atacama sey wegen des
Uberflusses des feinen Lapis Lazuli oder Lasur-
Steins / welcher allda gefunden wird/ darinne
Gold zu wachsen pfleget.

Das

Das 27. Capitel.

Von den Silber und deſſen Bergwercken.

Silber iſt das aller vollkomneſte Metall unter allen / ausgenommen Gold / dem es ſo
nahe kömpt / daß ihm faſt nichts als die
Farbe mangelt / und deswegen die jenigen / welche
ſich am allermeiſten der Meinung / die Metallen
eins in das ander zu verwandeln / entgegen ſetzen /
gleichwohl müglich zu ſeyn halten / daß Silber
in Gold zu verwandeln ſey / darumb weil ihm nur
die Farbe mangelt / ſo könne das Feuer und die
künſtliche Kochung ſolche wohl erſetzen / davon
viel experimente verhanden.   Von der guten
Vermiſchung und Feinigkeit ſeiner Theile kömt
es her / daß es das Feuer mit gar wenigen Abgang
außhalten kan. Wie es denn auch zehe iſt / ſich
hämmern oder ſchlagen / und ſich in ſehr dünne
Blätter und kleinen Drath ziehen läſſet. Wenn
es nicht ein gemeine Handlung wäre ſolches zu
thun / ſo ſolte es nicht geglaubet werden / daß es
müglich ſey / daß aus einer Untze Silber in 1400
Ellen Drath ſolten könen gezogen werden ; Und
was noch mehr zu verwundern / daß derſelbe Drat
alle ſol vergüldet werden können nur mit 6. gran
Gold / alſo daß ob ſchon das Silber mit Verwunderung ausgeſtrecket werden kan / jedoch läſt
ſich das Gold hundert mahl mehr aus einander
ziehen als daſſelbe ; Eine einige Untze Gold läſſet
                                                ſich

sich zu solcher Dünne schlagen/daß zehen Hufen Landes (Hanegadas) darmit bedecket werden können.

In den Berg-Adern wird das Silber offt-mahls weiß und fein gefunden/ und gleichsam/ als Dräthe oder Fäden/ so in dem Gesteine einer in den andern geflochten sind/ welches die Spanier Metal Machacada oder gediegen Silber heissen/ dergleichen auch gefunden wird in dem Bergwerck/ so sie Turcks nennen/ in der Land-schafft Carangas; In Choquepina einem Berg-werck der Indianischen Könige/zwo Meilen von Berenguela, in der Landschafft Pacages: In dem Gebürge/ welches ich entdecket und zu Register gebracht/ eine halbe Meile von den Bergwercken St. Christoffs/ in der Landschafft Lipes: in Yaco in der Landschafft Charcas: wel-ches mitten in seinem Ertz reich Kupffer giebt/ daselbst ward im vergangenen Jahre ein Stein gefunden/ der oben mit weissen Silber bedecket war/ das Metall das inwendig war/ war gelbe an der Farbe gleich einem Löwen. Und in dem reichen Bergwerck Chocaya in der Landschafft Chichas haben sie in den reichesten Steinen des-selben Ertzes viel Silber gefunden/ welches ob-gemeldter massen wie Drath oder Fäden unter-einander gewunden gewesen; und in allen Berg-wercken dieser Landschafften hat man zuweilen solche oder andere Steine gefunden/ die wie ein Silber Drath/ gedachter massen und wie ein

Keil

Keil von fein Silber/ anzusehen gewesen. Es
hat aber kein ander Bergwerck dergleichen herfür
bracht/ wie das zu St. Christoff in Oruro, welches ausser dem/ daß es fein Silber gibt/ hat man
auch befunden/ daß es zwischen den Steinen fein
Silber bringet in kleinem Staube/ welcher mit
dem Schlam oder Erde/ die allda ausgegraben
wird/ vermenget ist/ daß man ohne einige fernere
Handlung/ als den Waschen/ zusammen erhalten kan/ auff eben die Weise/ wie man bey dem
Golde/ so im Sande gefunden wird/ zu thun
pfleget. In gemein aber wird in allen Bergwercken das Silber mit den Steinen vermenget gefunden/ und ist schwerlich davon zu unterscheiden oder zu erkennen/ als von Leuten/ die eine
gute Erfahrung haben. In dem Begriff oder
der Gegend Charcas ist ein solcher Uberfluß an
Silbergängen/ daß dieselbigen allein/ wenn keine
andere in der Welt wären/ sie mit Reichthum an-
zufüllen gnugsam wären. Mitten in diesem Gebiete stehen die wunderbahren Gebirge Potosi,
aus derer Schatz alle Nationen in der Welt ihr
Theil bekommen haben; derer nur der Käyserl.
Stadt Fürtrefflichkeit/ daher es den Nahmen
hat/ übertreffen so weit alle andere Dinge in der
alten und neuen Welt/ daß sie wol eine sonderbahre Historie ihren Ruhm und Nahmen ewig
zu machen verdieneten. Es ist meistentheils rings-
herumb mit überflüssigen vielen reichen Bergwercken umbgeben. Das von Porca ist das be-
G rühmte

rühmte Bergwerck der Indianischen Könige/ und das erste / daraus die Spanier einig Silber gegraben. Uber die gar alten Bergwercke zu Andacava müssen sich alle Bergleute wegen derer über grossen Tieffe/wunderbahren Fürtrefligkeit/ und Fülle an Ertz verwundern / welches dermassen beschaffen ist / daß die halben Indianer dieses Königreichs ohn unterlaß genungsam daran zu arbeiten haben können. Die ienigen von Tabacco Nunio, welche nahe bey einem See desselbigen Nahmens liegen / haben so eine wundervolle und köstliche Machlnam, so darzu gehöret/ daß die Erbauung derselben einen grossen Theil des Schatzes von diesem Königreich hinweg genommen / dieser See hat so viel Wasser / daß er das gantze Jahr lang so viel fliessend Wasser geben kan / mit welchem Tag und Nacht ein hundert Silber Mühlen gehen / welche das Ertz / so von dessen eigenen Bächen herkommet/zu stossen haben. Innerhalb der Gräntzen Potosi sind auch die Bergwercke Guaniguare, Caricari, Piquiza, Lavera, Cruz, Sipoto, und viel andere mehr.

In den Lipes sind Bergwercks-Höfe oder Landgüter von grösserm Gerüchte/ nemblich daß zu St. Isabella in Neu Potosi, dessen Nahmen nicht so wol seine Schönheit / als die Lieblichkeit des Gebirges und der Reichthum des Ertzes / so allda gefunden wird/ berühmt machet. La Trinidad ist ein wunder volles reiches Bergwerck/

allda

allda ſind auch die Bergwercke Eſmoruco & Bo-
nete, welches ſie alſo nennen/weil der Gipffel des
Gebirges einer Mutzen gleich iſt.

Xanquegua, die Neue Welt/ welches zu meiner Zeit entdecket worden / giebt ſehr reiche Ertz-
gänge/nemlich/Abilcha, todos Santos, Osloque,
St. Chriſtoff/de Achocalia, Sabalcha, Montes
Claros, und viel andere.	In Chicas ſind die
Bergwercke St. Vincents/Tataſi, Monſerrat,
Eſmoraca, Taſna, Sbina, Chorolque/alt und neu
Chocaga, welches zu Schaam und Verwunderung der Bergleute am letzten unter allen erfun-
den worden / und iſt doch eines von den reichſten
in gantz Peru.

Das 28. Capittel.

Continuiret die Rede des vorher ge- henden Capitels/die Silber-Berg- wercke betreffend.

Je Landſchafft Charcas, hat nebenſt dem
reichen Gebirge Potoſi, (welches alleine
gnug wäre ihren Nahmen zu verewigen/)
und den andern vorgemeldten Bergwercken/
welche rund umb her liegen/ auch das Bergwerck
Yaco oder das Wunder-Gebirge/ die von St.
Pedro de buene villa , und die von Mallocota.
Es wird auch Silber-Ertz gefunden nahe bey
Cayantha, wie auch in Paccha und Tarabuco
nicht weit von Chuquiſaca, und in andern Orten.

In dem Gebiete Panna stehen die drey grossen Gebirge/ St. Christoff/ Pie de Gallo, und la Flámenca, welche zusammen diese Bergwercke machen/die sie Oruro nennen/die berühmte Stadt/ die nahe darbey lieget. In der Nachbarschafft Oruro sind auch die Bergwercke Avicaga, Berenguela, Cicacica, la Hóya, y Colloquiri, welches ob es schon nur ein Zinn-Bergwerck ist/ so trifft man doch in Verfolgung der Gänge offt reich Silber-Ertz an/ welches sie Lipta heissen. In der Landschafft Pacages ist das reiche Bergwerck Berenguela, sampt den Gebirgen Santa, Juana, Tampaya und andern; und in den Gräntzen der Stadt de la Paz, sind die Bergwercke Chequepina, Pacocava, Tiaguanaco, und unterschiedliche andere. Kurtz/ alle diese Landschafften sind anders nichts als ein unaufhörliches Bergwerck/ und ungeachtet so eine grosse Anzahl zu dieser Zeit entdecket sind/so ist doch gewiß/daß derer vielmehr unter den Indianern bekandt seyn/ welche sie mit aller Macht biß auff diesen Tag vor uns haben verborgen gehalten.

Es ist eine gewisse tradition und Säge in dieser Gegend/ von einem unvergleichlichen Bergwerck/so dem Flecken Chiqui zugehöret/vier Meilen von dieser Käyserlichen Stadt/ wiewol biß auff diese Zeit desselben Stelle noch nicht bekandt ist. Unterschiedliche Indianer haben sich selber aus Verstockung umbs Leben gebracht/damit sie dasselbe nicht offenbahren dürfften.

Es

Es lauffet auch nicht weniger ein Gerüchte von dem Bergwercke / welches sie de los Enco-menderos, nennen / in der Landschafft Lipes, wel-cher Nahme ihn vor etlichen Jahren von den Indianern gegeben ward / die / nachdem sie eine grosse Menge Silber aus demselben Bergwerck bekommen / gaben sie solchen Schatz zween Spa-niern / die ihn in Spanien schickten / als ihre A-genten / welches zween Brüder waren / mit dem Zunahmen Tapias, Darauff diese reiche Land-schafft der Crohn incorporiret und einverleibet worden. Weil ich Prediger an diesem Orth war / redete ich mit vielen von dem Landvolcke / welches mir erzehlete / daß sie hätten gemeldten Reichthum auffladen / und nach dem Haven zu Arica, woselbst er zu Schiffe gebracht worden / führen helffen. Es wird einhelliglich von allen Orthen bekräfftiget / daß obgedachte Erzehlung wahr sey / wiewol dieses Bergwerck anjetzo unge-bauet lieget / darüber ich mich gar nicht wundere / wenn ich betrachte / daß alle Bergwercke / welche in dieser Landschafft gearbeitet werden / sind er-funden und erst probiret worden durch die Spa-nier selber / ohne Ansehung einigen alten-Wercks der Indianer; derer wie ich nicht zweiffele / vor-mahls etliche sehr reich gewesen / wie an dem viel-fältigen Stamme und Stucken-Ertz zu sehen ist / welche mir die Indianer gegeben haben / ohne An-zeigung wo sie dieselbe hergenommen. So wa-ren auch die rechten Strassen der Stadt / als ich

G iij   Predi-

Prediger allda war / voller kleiner/ reicher Ertz-
körner/welche ich auffsamlete/ und meinen Nutz
darmit schaffete. In der Ebene zu Julloma in
den Pacages haben die Indianer vor Alters ein
Bergwerck gebauet / welches biß auff diesen Tag
ungebauet liegen bleibet. Es ist eine grosse Menge kleine Stücken gediegen Silber (Plate) gewe-
sen/die sie Corriente nennen/welche die Spanier
unter diesem Volck auffgekaufft; und ich selber
habe etliche von dem überbliebenen dieser Arth
Silbers bekommen. Dieser Grund sampt der
Farbe und Schönheit des Gebirges machet einen nicht ohn Uhrsache nachdencken/daß die Gegend fruchtbahr an reichen Metallen seyn müsse.
Es ist aber noch gewisser / daß in der Gemeine o-
der Pfartz zu Caquingora in derselben Landschaft
Pacages reiche Ertzgänge seyn/ weil ich reichhal-
tige Ertz-Steine auff ihren Strassen und aus
den Mauern ihrer Häuser ausgraben sehen. E-
ben dergleichen wird auch von unterschiedlichen
benachbarten Städten erzehlet / und ist eine beständige Rede / daß zu den Zeiten der Indianischen Könige ein jedwedes Theil derselben seine
eigene Bergwercke gehabt.

Das 29. Capittel.
Von dem Kupffer/ und dessen
Bergwercken.

DEr Schwefelichte Theil hat in der Zusammensetzung des Kupffers die Ober-
hand/uñ von derselben ungleich vermischten Hitze

ße entstehet die feuerige Farbe dieses Metalls;
wenn es geschmoltzen wird/so riechet es mehr von
Schwefel/als irgend ein ander Metall; und weil
es allzuviel in seiner Zusammensetzung verbren=
net ist / ist es weniger der Gewalt oder der Ver=
derbung der Lufft / der Erden oder des Wassers
unterworffen; und aus eben derselben Ursachen
sind die Kohlen dergleichen Zufällen nicht un=
terworffen; Man brauchet das Kupffer zu
Kunstwercken / die lange dauern sollen / weil es
niemahls rostet/als wol Stahl und Eisen thut;
und aus dieser Ursache ward es bey den Alten sehr
hoch geschätzet/welche die Riegel und Nägel ih=
rer Schiffe / ihre Waffen / und andere Werck=
zeuge aus diesem Metall machten / welches wir
auch bey den Eingebohrnen in diesem Königreich
im Gebrauch gefunden haben.

Kupffer wird generiret und gezeuget in Mi=
neralischen Steinen von unterschiedlichen Far=
ben / wiewol die meist überhand habende Farbe
blau oder grün ist. Es wächset in eben den Or=
ten/da Gold und Silber ist / und hat man offt=
mahls/wenn sie den Gängen des feinesten Kupf=
fers nachgefolget / ein Nest des feinesten Goldes
angetroffen. Es geschicht aber gemeiniglicher/
daß sich desselben Gänge in Silber verändern;
und diese Kupffergänge / welche eine Anzeigung
über den Grunde geben/werden gemeiniglich gar
reich befunden / wenn tieffer darnach gegraben
wird/ und sind auch folglichen feuchter. Das
Bergwerck zu Osloque in Lipes war oben auff
wie

wie gantz Kupffer und jedweden Spaten breit/
wann sie tieffer eingruben / war das Ertz reicher
an Silber/biß es gantz zu feinen Silber ward/an
dem Grund und Boden der Ertzader / allwo die
Wasser eines Manns tieff wuchsen und also ver=
hinderten / daß sie derer Reichthum nicht ferner
nachsetzen konten.　Was gesaget worden ist/ist
ein Zeichen der Verwandschaft zwischen der Ma=
terie der Zusammensetzung dieser Metallen / und
daß die grossere oder wenigerReinigung der eini=
ge Unterscheid zwischen ihnen sey.

Es sind viel Kupffer=Bergwercke in diesen
Landschafften /und der Grund und Boden/al=
ler Ertz=Adern /daraus Silber gezogen worden/
hat man befunden/daß sie einen grossen Hauffen
desselben gegeben haben/welches sie umb der Far=
be willen Negrilla heissen : also daß so manches
Silber=Bergwerck alda ist / von dannen auch
Kupffer erlanget werden mag.　Darneben sind
Bergwercke von Kupffer allein / die bloß ober=
halb der Erden niederwerts gehen. Es sind un=
terschiedliche Höhen oderBerge umb Potosi wel=
che voller dieser Ertz=Adern sind / wie wohl das
meiste Kupffer das in dieser Stadt gearbeitet
wird/vor demGebiet de las Laganillas,und nun=
mehr von dem Gebiet Yura herkomt.　In Lipes
ist ein recht grosses altes Kupffer=Bergwerck in
dem Gebirge Scapi zwo Meilen von Chuyca:
alda ist auch noch ein anders / in welchen das
Kupffer=Ertz wie ein gewundener Drath siehet.

　　　　　　　　　　　　　　　　Eine

Eine Meile von Sabalcha in dem hohen Weg
nach Colcha; und ungeachtet es in vielen Theilen dieser Landschafft gefunden wird / so gehet es
doch nirgend glücklich von statten / als in dem
Gebirge Pereira und dessen Grentzen biß man
kommet nach Guatacondo.

In Atachama sind sehr grosse Kupffer-Gän-
ge/ derer etliche nach der See-Seiten zu streichen/
und sich die Felsen in grossen gediegenem Stücken dieses Metalls herab weltzen. In Chicas
da der Boden nicht mit Silber auffgenommen
ist/ ist es voller Kupffer-Gänge/ und nicht weit
von Esmoraca bekommen sie dieses Metalls/ wie
auffgewundener Drath/ oder Machacado wie
es die Spanier nennen. Es ist auch sehr reich
Kupffer in Oroncota, und auff der Spitze des
Gebirges Tarabuco sind viel Schächte und
Kupfferwercke/ der alten zusehen. Gleicher gestalt wird es auch in allen übrigen Orten von
Charcas gefunden / insonderheit in den Grentzen
Macha, Copoata, und Chaganta, und in Paria
nahe bey Oruro. In der Landschafft Carangas,
werden die neben den Silber Bergwerck gelege-
ne Berge / die voller Kupffer sind / el Turco genennet. Nahe bey Caraguara de Palages sind
viel alte Wercke der Indianer daraus sie Kupffer Machacado, oder gleich wie zusammen ge-
wundene Faden bekommen. Auff dem hohen
Wege zwischen Potosi und Julloma siehet man
auch viel Kupffergänge. Wie auch eine Meile

von Callapa in der Landstraffen/ welche nach Calacoto zugehet / in den trocken Leim-oder Thon-
Bergen habe ich Aeste oder kleine Gänge von feinem Kupffer/ dem feinen Golde gleich gefunden/
darvon ich eine groffe Menge von dem/ was oben
umb den Grund zerstreuet war/ bekam. Von
diesem Metall Machacado ist auch in Choquepina, nahe bey Berenguela de Pacages, und ü-
berall sind Wercke und Jungfrau-Gänge in
dem hohen Weg von Calacoto biß Potosi, eine
halbe Meile / ehe man dahin kommet / und gleicher Weise in allen übrigen Theilen dieser Landschafft.

Das 30. Capittel.
Von dem Eisen.

Eisen / ob es schon nicht gar köstlich ist / so
ist es doch das nothwendigste unter allen
Metallen zu der Menschen Gebrauch / ungeachtet aber in Streit gezogen werden kan / ob
es mehr gutes / oder Schaden in der Welt gethan hat; die Natur hat es so hart gemacht / in
dem sie viel irrdische Theile oder fixen Schwefel
zu dessen Zusammensetzung hinzu gesetzet hat /
wiewohl es auch einen gnugsamen Theil Feuchtigkeit oder Quecksilber hat / also daß es im Anfang nicht ohne eine recht gewaltsame Hitze
schmeltzen wil, und hernechst / wenn es mit einem Hammer geschlagen wird zerbricht es nicht
in kleine Stücken / als die Steine thun / sondern
empfän-

empfänget ſeine Geſtalt durch Außbreitung und
Außdehnung ſeiner ſelbſt: Es iſt ein kaltes und
trockenes Metall / aber mehr poros und Löcker
als die andern / und derowegen wieget es leichter /
und iſt den Roſt und den Abgang in der Näſſe
mehr unterworffen / ſonderlich im Saltz-Waſſer / welches es am meiſten durchdringet: es
nimt auch im Feuer allezeit /ſo offt es heiß wird ab/
und zerfället in Schlacken /weil es an der Feuchtigkeit ſo mit ſeiner Irrdiſchheit proportionabel
iſt / Mangel hat. Wenn es glüend in kalten
Waſſer abgelöſchet wird / ſo wird es gar brüchig /
weil die Hitze /die da in dem mittelſten des Feuers
verſchloſſen iſt / durch die umbhergehende Kälte
etwas davon raubet /und einen Theil der natürlichen Feuchtigkeit / die es zehe machet / und daß
es ſich hämmern läſſet / verzehret.

Dieſe an allen andern Metallen fruchtbahre
Landſchafften /haben auch an dieſem keinē Mangel /ob ſchon niemand die Mühe daran wendet /
ſolches zu ſuchen oder auszuarbeiten /weil alhier
ein ſo groſſer Uberfluß an Silber iſt / darüber ſie
ſinnreich ſeyn ihren Nutz zuvergröſſern /und dafür kauffen ſie einen Hauffen von dem fürtrefflichen Eiſen in Biſcaja. Uber dieſe Handlung iſt
ſich nicht ſo hoch zu verwundern / wenn einer be-
trachtet den groſſen Uberfluß an Vitriol /Alaun /
Qveckſilber und andere Mineralien /welche jähr-
lich aus Spanien in dieſe Indien gebracht werden / woſelbſt man eben die Gelegenheit haben
könte

könte es in solcher Menge zu erlangen / daß es
genugsam wäre / nicht allein die Gelegenheit dieses Königreichs / sondern auch Spanien selber /
und alle Welt darneben damit zu erfüllen.

In dem Thal Oroncota ist eine grosse Menge Eisen; das gemeine Volck in selber Gegend /
so durch die Gestalt des Orts und schöne Hoffnung Ertz zu finden einen Muth gefasset / baue-
ten einen grossen Ertzgang an / in Hoffnung / daß
es Silber wäre / brachten mir auch von dem Ertze etwas / solches zu probiren / welches ich that /
und sagte ihnen ohne Falsch / daß es Eisen wäre.
Dergleichen hat sich auch begeben in andern Ertz-
gängen bey dem Ursprung des Flusses Plicoma-
yo, fünff Meilen von der Stadt de la Plata, wiewohl selbiges Ertz etwas Kupffer damit vermischet hatte / und ist nicht so rein Eisen als das zu
Oroncota.

Bey Ancorayines einer Stadt in der Landschafft Omasuyo sind vor diesem bey der Indianischen Könige Zeiten sehr edle Bergwercke gebauet worden / die so berühmt gewesen / daß es
wohl der Mühe werth eine Reise dahin zu thun
und dieselben zu besehen. Das Ertz ist sehr schwer
und hart / und dunckel an der Farbe / wiewol auch
darneben zugleich viel Ertz gefunden wird / welches gläntzet und scheinet. Wenn ihr Stücken
von dem dunckeln Ertze zusammen reibet / so gibt
es eine sehr feine Blut-rothe Farbe / gleich wie der
Blutstein / zu welcher Arten es ohne zweifel auch
gehö-

gehöret/und ist voller Eisen/wie ichs durch vielerley Proben versuchet habe. Es ist müglich/
daß die Indianer den reichern Ertz-gängen in
diesem Bergwerck nachsetzen/welche wir biß anhero nicht angetroffen haben/oder weil das Eisen unter ihnen nicht im Gebrauch gewesen/sie
gräben dieses Ertz solches zu ihren Feuerröhren/
Steinbögen und Schleudern zuzurichten. Und
weil es am Gewicht und Härte unsern eisern
Kugeln nicht weichet/so gebrauchen sie dasselbe
in ihren Kriegen/und heissen es Higuayes.

In Oruro, zunechst bey dem Silber-Bergwerck Santa Brigitta, in der Höle zwischen den
Bergen/ist ein Eisen-gang/aus welchen ich allen
zur Lust und zum Exempel/als ich in derselben
Stadt war/allerley Schlüssel machen sahe.
Das Metall/welches sie Chumbri heissen/wenn
es aus dem Bergwerck zu Chocaya in diesem
Gebirge Potosi uñ andern heraus gezogen wird/
hat viel Eisen bey sich. Und ohne Zweiffel ist ein
grosser Uberfluß in vielen andern Theilen dieses
Königreichs/wiewol das gemeine Volck solches
nicht in acht nimt/noch darnach suchet/noch die
Bergleute in ihren ordentlichen Proben mit einigem andern Dinge zu thun haben/als bloß mit
Erkäntniß des Goldes und Silbers.

Das

Das 31. Capittel.
Von dem Bley.

BLey ist gar ein gemeines und bekandtes
Metall/es ist kein Silber-Bergwerck/da
dessen nicht viel gefunden wird/ ja es ist
selten ein ander Ertz/ darmit nicht etwas Bley
vermischet ist/ die Natur hat es mit einer überflüssigen Feuchtigkeit begabet/ damit es zu der
Schmeltzung des Goldes und Silbers dienen
möchte/welche ohne Hülffe des Bleyes hinweg
brennen/und in dem Feuer verzehret würden/ehe
sie zu ihrer völligen Vollkommenheit kämen/üm
deswegen dämpffet seine Feuchtigkeit leichtlich
in dem Feuer hinweg und schmeltzet/und führet
mit sich/ was etwan nicht Gold oder Silber ist/
hinweg/und derwegen ist es leichtlich fein zu machen; Es ist dem Golde am gleichsten im Ge-
wicht/und dem Silber an der Farbe/weil es mit
ihnen zusammen geschmeltzet wird. Es machet
sie nicht allein leichtlich schmeltzen/und fein/son-
dern scheidet auch das Kupffer von ihnen/ wie
hernach an seinem Ort soll angezeiget werden;
und darumb ist es das allernothwendigste unter
allen Dingen/in der Art und Weise die Metallen zu schmeltzen. Seine Weise zeiget an die ü-
berflüssige Feuchtigkeit oder das unreine Queck-
silber/davon es zusammen gesetzet ist/welches die
Chimisten auff vielerley Weise und Wege davon scheiden.

Es wird weder von der Lufft noch von dem Wasser gemindert noch verderbet/ als wie das Eisen/ sondern nimt vielmehr zu beydes am Gewicht und an der Grösse/wie gute Authores solches bekräfftigen. Nichts desto weniger sagen andere/daß breite Blatten von Bley ins Wasser geleget/vergehen und sich verzehren/ und manch heilig Gebäu/ so damit bedeckt gewesen/verdorben sey. Es wird selten mit Gold vermischet gefunden/ am gemeiniglichsten aber mit Silber/ und zuweilen auch mit Kupffer; Das Ertz/ darinnen das Bley generiret wird/ heisset in dieser Gegend Soroches,welches meistentheils schwartz ist/voller Löcher/und gläntzend/andere Stücken desselben nennen sie Muertos, weil dieses nicht gläntzet noch löchericht oder locker ist. Ein anders nennen sie Oques, welches in dieses Landes Sprache so viel heisset als Frayleseos,oder graufärbig/ weil es an Farbe ist wie eine Münchskappe. Es ist kein Silber-Bergwerck in allen diesen Königreichen entdecket/ darin nicht einig Bley gefunden worden; in dessen Betrachtung ist unnöthig/ alle Orthe zu erzehlen/ wo dieses Metall gefunden wird/wiewol die meisten Bergwercke in Chicas dessen überflüssig haben/und daher ist es/ daß man so viel Metall in dieser Landschafft gefunden hat. Die Bergwercke in Andacava geben auch Bley und Silber/weil aber dieses Ertz nicht füglich durch Qveckfilber geschieden werden kan/ und allda nicht Holtz genug

nahe

nahe bey dem Ort ist / daſſelbe ab-zu ſchmeltzen /
(ſo wird es nicht gebauet) ; Dieſes Bergwerck /
welches nach meiner Meinung eins von den
reichſten iſt in Indien / continuiret zwar annoch /
gibt aber gar wenig Nutzen. Hinter dem Gebirge Potoſi, ſo weit deſſen Schatten reichet / in
dem Theil / welches Deſibicos genennet wird / ſind
viel Bley-gänge mit ein gar wenigem Silber / ſo
da mit vermenget iſt / alſo auch imgleichen iſt es
in dem Schatten St. Chriſtoffs in Oruro.

Das 32. Capittel.
Von dem Zinn.

Das Metall / welches wir Zinn nennen /
heiſſen ihrer unterſchiedliche weiß Bley ;
inſonderheit geben ſie dieſen Namen dem /
welches Silber und Kupffer ſcheidet / in welcher
Arbeit etlich Zinn herfür komt / als an ſeinem
Orth ſoll geſaget werden das man an ſeiner weiſſe kennet / und an dem Klang oder Gereuſch / den
es machet / wenn einer entweder darein beiſſet / o-
der es zerbricht. Gemein Zinn hat eben den
Anfang als das Bley / aber es iſt feiner und beſ-
ſer gereiniget / daher es härter und weiſſer iſt / ob
es ſchon wegen der übeln Vermiſchung ſeiner
Subſtantz und Weſens es knirret und gemelter
maſſen ein Gereuſch machet. Es iſt das Gifft
der Metallen / und machet ſie brüchig ſo ſie nur ein
wenig damit vermiſchet ſind / aus Urſachen / wen̅
es

es mit einigem Metall vermenget ist/ so verän=
dert es deſſen gleichförmiges Temperament,daß
es zuvor hatte/ und verhindert deſſen Geſchmei=
digkeit. Allein dem Bley iſt es ſolcher geſtalt nicht
zuwider / weil deſſen über=groſſe Weichheit und
Feuchtigkeit hinein dringet/ und vermenget ſich
mit der übeln temperirten Subſtantz des Zins/
alſo./ daß wenn es mit einander vereiniget iſt / es
dennoch ſich ausziehen und hämmern oder ſchla=
gen läſſet. Die Zinn=gänge werden nicht aller
Orten gefunden/da einer ſonſt gedencken möch=
te; und gleichwohl thun dieſe reiche Länder deſ=
ſelben nicht gäntzlich ermangeln.Es iſt ein Stück
eines Bergwercks mit Nahmen Colquiri, nicht
weit von dem Berge St. Philippi de Auſtria O=
ruro, welches berühmt iſt wegen des Uberfluſſes
und der Fürtreffligkeit des Zinns/ das man da=
ſelbſt erlanget/womit ſie dieſes gantze Königreich
verſehen; als ſie deſſen Gänge fort gebauet/ ha=
ben ſie vielmahls/wie zuvor gedacht worden/rei=
che Stücklein Silber darin angetroffen. Nahe
bey Chaganta in Charcas iſt ein ander Berg=
werck/daraus ſie vor wenig Jahren viel Zinn be=
kommen.Nicht weit von Cambuco,einer Stadt
an dem Ufer des groſſen Sees Chucuito, an der
Seiten gegen der Landſchafft Larecaja,ſind auch
Zinn=Bergwercke/ welche die Indianer zur Zeit
der Indianiſchen Könige gebauet haben/und die
Spanier biß annoch fortſetzen/dieſe Gänge ſind
ſehr groß und reich an Zinn/ und vielmahl trifft

H   man

man unter denselben auch Silber an / aber alles
daselbe ist mit Kupffer vermischet / welches das
Zinn ansehnlicher und wehrhafftiger machet:
Das Gerüchte von diesen reichen Gängen er-
weckten in mir eine Begierde solche zu sehen/weil
ich Verlangen trug/ daß kein Bergwerck in diesen Landen seyn möchte / davon ich nicht Nachricht und Erfahrung hätte. Auff dem Gebirge
Pie de Gallo de Oruro ist viel Zinn / wiewohl es
ihrer wenig kennen/und man achtet dessen Bauung nichts / weil sie kein Silber / darnach man
verlanget / allda finden. Eines von den vier
Haupt-Bergwercken dieses berühmten Gebirges Potosi,wird genennet das Zinn-Bergwerck/
wegen des Uberflusses an Zinn / das anfänglich
oben auff der Erden gefunden worden/als sie a-
ber tieffer eingeschlagen/hat es sich alles in Silber verwandelt. Und in den Feldern so zu der
Kirche S.Bernhards gehören/da ich im Dienst
gewesen/eine Viertel Meile davon/oder ein wenig weiter/sind reiche Silber-gänge/welche auff
mein Anzeigen Euer Herrligkeit in Person zu besehen dahin gereiset/wodurch/wie auch durch euer andere Edele Thaten ihr denen / welche fleissig
die Bergwercke bauen/sehr angefrischet habt/als
welche die Königlichen Einkommen/ und die
Reichthümer des Volcks so fürtrefflich vermehret ha-
ben.

Das

Das 33. Capittel.

Von dem Queckſilber.

Queckſilber iſt ein wol bekandtes Mineral/ eines weich flüſſigen Weſens / und das wie Waſſer flieſſet; es iſt von Natur viſcoſiſch/gantz ſubtiel/ und hat überflüſſige Feuchtigkeit/daher es die Eigenſchafft hat/ daß es gantz ſchwer iſt/und eines blinckenden Glantzes / und wiewol es ſehr kalt iſt / wie man in gemein vermeinet/nichts deſto weniger ſagen andere vor gewiß/daß es ſehr heiß ſey/ wegen der ſubtilen Wirckungen und durchdringenden Eigenſchafften ſo es hat/dadurch es nicht allein das Fleiſch/ſondern auch die harteſten Beine durchgehet; wie auch / weil der Sublimirte Mercurius (welcher dem Weſen nach anders nichts iſt als Queckſilber / wiewol durch die Vermiſchung derer Mineralien / damit er gekocht und ſublimiret worden/ verändert / und gleicher geſtalt wieder im Queckſilber zu bringen iſt) wie bekandt ein Gifft und heiß in dem erſten Grad iſt. Aber wir überlaſſen den Schluß und das Urtheil hievon denen/ ſo von Simplicien ſchreiben; In übrigen iſt gewiß/daß ſo eine groſſe Verwandſchafft zwiſchen der Natur des Queckſilbers und anderer Metallen iſt/daß ob es ſchon keines von denſelben iſt/jedoch kan es in ein jedwedes derſelben verwandelt werden / weil/als die meiſten Philoſophi dafür halten/es eines von dem Anfängen iſt/daraus ſie

alle gemacht ſind / und ſich leichtlich damit verei-
nige und einverleibe. Uber dieſes iſt ſeine rechte
Subſtantz in wahres Metall zu verwandeln/
welches alle Proben des Feuers und des Hammers beſtehet / ſo wol als dieſe / welche aus den
Bergen kommen. Raymundus lehret allerley
Wege ſolches in Gold und Silber zu verändern.
In einem Buche ſo Diſquiſitio Eliana genennet/
wird ein vollkommener Weg gelehret / wie man
Bley von Queckſilber machen ſolle. Und ſo jemand den Glauben der Bucher in Verdacht ziehen wolte / ſo ſind in dieſen Ländern viel augenſcheinliche Zeugen/die Metalle bey ihnen haben/
welche ſie mit ihren eigenen Händen auff der Ca-
pelle von Queckſilber fein gemacht haben / damit
ſie nach einer Anleitung ſo ihnen gegeben wor-
den/zu Wercke gangen. Welche Proben oder
experimente állen Zweiffel der Müg'igkeit der
Verwandlung hinweg nehmen. Es ward das
Queckſilber gar wenig' gebraucht oder verthan/
vor dem Anfang dieſer neuen Silbernen-Zeit in
der Welt/dann ſie verbrauchtē es nur zum Sub-
limet/Zinober und zu den Pulvern/die ſie Præci-
pital heiſſen/ die auch in Spanien Johan de Vigo
Pulver genennet werden / welche zu ſolchen
ſchändlichen Vorſatz gebrauchet werden / daß
man ſagte/die Welt hätte derer allzuviel/wiewol
ſie an Menge und Gröſſe/ die ſie hatten/ nur wenig waren. Aber nachdem es das Silber aus
dem klein geſtoſſenen Ertz zuſammen zu bringen
                                        gebrau-

gebrauchet worden / (welches eine Erfindung/
dazu die Alten schwerlich gelanget sind / und gar
wenig im Gebrauch gehabt haben) ist ungläub=
lich / was für eine grosse Menge durch die Ertz=
Schmeltzer in diesem Königreich verthan wird.
Denn so die Menge Silber / welches aus die=
sem Königreich gangen ist/ die Welt mit Reich=
thum und Verwunderung erfüllet hat ; so mag
daraus abgenommen werden die Verzehrung
und der Verlust des Queckfilbers / welches nach
überaus grossen Unkosten so Anfangs darauff
gangen/ so doch nun durch gute Erfahrung viel
mässiger und vortheiliger genutzet wird/ mit dem
ausgezogenen Silber in gleichen Gewichte be=
funden worden : und gar selten /daß der Abgang
desselben so geringe ist. Sie begunten das Queck=
filber/welches gen Potosi auf des Königes Rech=
nung kam / im Jahr 1574. erst auffzuzeichnen.
Und von der Zeit an biß 1640. hat man dessen
bekommen über 204600. Zentner / nebenst der
gar grossen Menge / welches ausser Ordnung in
andere Rechnungen gebracht worden. Diese ü=
beraus grosse Unkosten dieses Minerals zu erse=
tzen / hat GOtt der Allmächtige das berühmte
Bergwerck Guancabellica verliehen/ und in die=
sen Landschafften /welche Charcas unterworffen/
(von derer Mineralien ich Eure Herrligkeit in=
sonderheit Nachricht zu geben verlanget) kan es
auch nicht ermangeln vermittelst der grossen
Menge / so es von allen andern hat. Da sind

H iij   Queck=

Queckfilber-Gänge in Challatiri / vier Meilen von dieser Königlichen Stadt; Auch sind derer bey Guarina: in der Landschafft Omasuyo, und nicht weit von Moromoro, einen Indianischen Flecken / sechs Meilen von der Stadt Chuqui-saca; Vor wenig Jahren brachten die India-ner Steine / die sehr reich an Queckfilber waren/ welche durch den Gewaltsamen Tod (wie man argwohnet) des Mannes / welcher sich erboth das Bergwerck zu offenbahren / biß auff gegen-wärtige Zeit verborgen blieben ist,

Das 34. Capittel.
Von künstlichen Metallen/ und Metallischen Dingen.

Die Kunst bringt auch Metallen und me-tallische Dinge herfür / und zielet in ihrer Bereitung darauff/ und folget der Voll-kommenheit der Natur nach. Aus einer Ver-mischung von Zinn und Kupffer wird ein Ertz zu den Klocken / Stücken Geschütz / und zu an-dern Gebrauch bereitet. Sie setzen ein Pfund Zinn zu 8. Pfund Kupffer / nachdem es die Ge-legenheit erfordert. Die Indianer verstehen diese Zusammensetzung auch/und gebrauchen sie zu ihren Schmids-Werckzeugen / und zu ihren Gewehr oder Waffen / als wir mit Stahl oder temperirten Eisen thun / davon sie noch nichts wissen.

                                        Mes-

Meſſing wird gemacht von kleinen Stücklein Kupffer / ſo man in einen groſſen Schmeltz-
Tiegel thut / und mit pulveriſirter Galmen bedecket / (welche ein halbes Mineral iſt / gelb an
Farbe: deſſen iſt nahe bey dem Bergwerck der
Türcke genant/ in der Landſchafft Carangas, wie
auch nahe bey Pitantora in Charcas zuſinden)
auff die pulverſirte Galmen ſtreuen ſie geſtoſſen
und zu Pulver gemachtes Glaß / dieſelbe damit
zubedecken; vermachen es wohl nud alsdann
machen ſie Feuer daran welches denn die Farbe
des Kupffers verändert / und vermehret das Metall bey acht Pfund von hundert.

Zu den Spiegeln gebrauchen ſie allerhand
Zuſammenſetzungen / wie wohl die beſte iſt von
zwey Theil Silber und einem Theil Bley. U-
ber dieſes machen ſie durch die Kunſt Zinober/
Mercurium ſublimatum, Præcipitate Pſoricos,
Schmeltzglaß / Schlacken / Offenbruch / Cadmia. Pompholix oder Nichts / Spodos, Kupf-
fer-roſt/ Kupfferſchlag/ Kupfferblumen/ Grünſpan / Eiſenſtahl / Eiſenroſt oder CrocusMartis,
Laſur/ Bleyweiß/ Mennige/ Glette/ Aurum mu-
ſicum, und Glaß.

Zinober wird gemacht aus einem Theil
Schwefel / und zwey Theilen Queckſilber / wohl
gekocht und mit einander ſublimiret in einer Glä-
ſern Phiole / oder in einem verglaſerten Erdenen
Gefäß. Mercurius ſublimatus wird gemacht
von halb Queckſilber und halb Vitriol / gar klein
H iiij　zuſam-

zusammen gerieben / und ein wenig Weineßig
darauff gesprenget / wenn es gerieben ist / daß es
sich desto besser mit einander vermischet / und zusammen giebt; alsdenn in einer Gläsern Phiole / wie vorgedacht / sublimiret / er wird auch mit
Alaun gemacht / und vielmahls auch ein wenig
Saltz darunter gemenget.

Solvire Queckſilber in Aquasfort, ſetze es auff
ein gelinde Feuer / und laß die Feuchtigkeit ab-
rauchen / so wird das Queckſilber harte bleiben
wie ein Stein / alsdann reibe es sehr klein / und
setze es abermahls auff das Feuer in einem
Schmeltztiegel / (oder Kupffern Gefäß / wenn
man es haben kan /) und rühre das Queckſilber
stets ümb biß es eine schöne rothe Farbe bekomme /
alsdann nimm es von dem Feuer hinweg zu deinen Gebrauch; dieses heisset eine Præcipitat.

Pſorico wird gemacht von zwey Theil calci-
nirten Vitriol und einem Theil Kreyde / gerieben
und zusammen vermischt mit ein wenig scharffen
Wein-Eſſig / setze es vierzehen Tage in einem
Mist / alsdann nimm es heraus / und calcinire
es in einem Scherben über dem Feuer / biß es recht
roth wird.

Schmalt oder Schmeltzglaß wird gemacht von Alaun / Vitriol und Salpeter / es kan
alle Farben annehmen wie Glaß.

Schlacken ist das was von dem Metall ab-
gehet / wenn sie fließen / und schwimmet oben darauff wie ein Fett oder Schmeer / (welches wir die
Unreinigkeit oder feces nennen.)   Was

Was unten an den Boden des Ofens blei=
bet / wenn das Kupffer geschmolzen wird / wird
Diaphryges oder Unterofenbruch genennet.

Cadmia, (wie wohl solche auch von Natur
ist) ist das was an den Wänden der Oefen sich
anhänget/ fürnehmlich/ wenn Kupffer geschmel=
tzet wird / davon sie eines nennen Botryiles, oder
Tutia so dem Kobad gleich ist / und Stracita oder
Oltracitis. Welche gleich einen Scherben auß=
siehet / und Placodis oder Crultoſa, welche einer
Rinde oder Schupen gleich / zu seyn scheinet.

Pompholix oder nihil, Nichtes / ist eine
Mehlichte Subſtantz oder Wesen und siehet wie
eine Wolle / wenn es sich an den Wänden an=
hänget/ solviret sich aber so bald man es mit den
Fingern berühret. Es wächset an den Wän=
den wenn sie Metalle schmeltzen. Ins gemein
wird es Tutia geheissen.

Spodis ist von dem Pompholix wenig unter=
schieden / ohne daß es unreiner ist. Es wird an
den Mauern gefunden/ wenn sie die Metalle rein
machen.

Kupfferroſt wird gemacht/ wenn man kalt
Wasser auff geschlagen Kupffer geust / wenn es
glüend aus dem Ofen kommet/ womit der Rauch
kleine ſubtile Körnlein erwecket / welche sie in eine
kleine Eiserne Feuerschauffel abschütten/ und also
verwahren.

Kupfferschlag ist das / welches von dem
Metall abfällt/ wenn es gehämmert und geschla=

gen wird. Und das / welches gleicher gestalt von
dem Eisen abfällt / wird Hammerschlag genennet / wie wohl das Griechische Wort Stommo-
ma eigendlicher Stahl bedeutet.

Grünspan wird gemacht / wenn man die
Essig-Gläser mit Kupffernen Stöpffseln zu-
stopffet / und es zehen oder zwölff Tage also stehen lässet / ehe man es brauchet.

Wenn man / als jetzt gemeldet / Eiserne
Stöpffel darzu brauchet / so wird Eisen Crocus
darauß.

Vermiculas oder Grünspan ist dem Kupffer-
blumen gar gleich.   Nimm einen Theil weissen
Wein-Essig / und 2. Theil stinckenden Harns /
geüß es in ein Kupffern Becken oder Mörsel / und
rühr es unter einander mit einem Kupffern
Stempel / biß es dicke wird / alsdann thue den
vier und zwantzigsten Theil Saltz und Alaun darzu / setze es an die Sonne / biß es zusammen rin-
net und trocken wird / so wird es werden an Gestalt wie kleine Würmlein / davon die Farbe diesen Namen bekommen.

Lasur oder Ultramarin / wird gemacht / wenn
man ein Gefäß voll scharffen Wein-Essig (darinnen ein wenig Salarmoniac solviret ist) mit
feinen Silber-Blechlein so mit Quecksilber be-
strichenen / und voller kleiner Löcher / und setze es
in einen heissen Mist / und wenn es zwantzig Tage lang gestanden / so schabe die Lasur Farbe darvon und bewahre sie zu deinem Gebrauch.

Wenn

Wenn man voriger Gestalt Essig auff Bley giesset / so wird es Bleyweiß. Thut man aber Bleyweiß in einen Eisern Löffel oder Geschirr über eine gelinde warme Asche / und rührt es so lange umb / biß es gantz roth wird / so wird es Menage.

Ochra ist gelb / und wird von Bley gemacht / das so lange gebrant wird / biß es die Farbe bekomme.

Glette / wird gemacht / wenn das Gold und Silber fein gemacht wird / davon hernach.

Aurum musicum, ist Goldfärbig aber dauert nicht lange; Nimm vier oder fünff Theil Zinn / und so viel Quecksilber / einen Theil Salarmoniac / und einen Theil Schwefel / reib es klein / und menge es unter einander in eine Gläserne Phiole / und distillir es / so wird es die Substantz welche an den Boden liegen bleibet / sey das Aurum musicum.

Endlich komt die seltzameste Wirckung / so die Kunst herfürbringet / und dieses ist das Glaß machen. Nimm zwey Theil durchscheinenden Sandes / oder zu Pulver gemachte Steine die solvire in dem Feuer; einen Theil Salpeter / oder Saltz von Soda (welches sie Glaß-Kraut heissen) kläre und reinige es mit ein wenig Magnetstein-Pulver.

Ein ander Art: Nimm zwey Theil Asche / und einen Theil des vorgemeldten Sandes / samt dem Pulver von Magnet-Stein / und gib ihm eine bequeme Hitze in dem Ofen.

Das

Das 35. Capitel.

Von den Farben aller Mineralien in gemein.

Amit die jenigen / die keine Erfahrung haben / desto leichter die Mineralien / die ihnen in die Hände kommen / erkennen / und durch ihren Augenschein (welches der beste Lehrmeister ist von allen Sinnen) wissen mögen / was sie in den Gründen der Ertzgruben antreffen / wil ich alle Arten der Metallen unter die Farben bringen / als zu einem meist bekandtesten Hauptstücken.

Etliche Arten der Wasch-Erde / Alaun / Faderweiß / Sperrglaß / oder unser Frauen Eiß / Mellitites, Milchstein / Alabaster / Demant / Silber / Queckfilber / Zinn / und Marmolstein / sind weiß von Farbe. Die terra Pingiti, Jeat, schwartz Atrament (Sory) blau grau Atrament / (Melangerica) sind schwartz- oder Aschen-färbig / als die Eritrianische und Melische Erde; oder blau / als der Sapphier / der Cyaneus lapis, der Türkis / der Lasurstein / und lapis Armenus, oder grün / als der Smaragd / der Praf. das Berggrün / oder Atincas, eine Art Kreide / und der Vitriol oder das Kupffer-Wasser. Gelber Farbe ist das Gold / Berg-gelb / der Chrisopras / der Chrisolith / und das Operment; roth sind der Rubin / der Granat / der Ballaß / der Carneol / der rothe Berg-Schwefel / die Corallen / Schistum,

stum, der Blutstein/ das Kupffer/ die Mennige/ die Lemnische Erde/und der Röthelstein. Purpurfarbig sind/ der Hiacinth/ und Amethist/ lichtblau ist der Jaspis/ so Boria genennet wird. Das Spangrün/ und der Lapis Armenus, oder Ultramarin/ (denn so nennen die Mahler diese Farbe welche sie aus diesem Steine machen/ ein grüne-blau Farbe/) einer weissen Farbe/so etwas röthlich ist Aphrodisia; oder roth/so etwas weißlich fället/ist Xanto; zwischen schwartz und roth ist der Krötenstein/ oder schwartz so etwas Purpurfärbig scheinet/ ist der Alabandico; gelbweiß ist der Topas.

Also sind auch die Mineralien jedes einer sonderlichen Farbe/ entweder schwartz oder weiß/ oder mit einander vermischet: als der Agatstein. Der Aphiro hat rothe Adern auff einen schwartzen Felde zerstreuet/ und hingegen hat der Nalomonte schwartze Adern in einem rothen Felde. Der Sonnenwendestein hat in seinem schönen grünen Wesen Adern als das reineste Blut; und in den Saphiren und Lasurstein sind recht Gold-glänzende Strahlen zu sehen. Zwo Adern/ eine weiß/ die andere roth gehen zwerdurch die Subltantz der Egitilla.

Der Opal hat vier Farben/ nemlich blau/ Feuer roth/ grün/ und Pfirschblut oder Aepffel-Farbe.

Das Ertz wird auch in vielerley Farben gefunden/ nemlich roth/ grün/ weiß/und schwartz.

Das

Das 36. Capitel.

Von den Kräfften und Tugenden der Mineralien.

JCh wil dieses Buch beschliessen mit einer kurtzen Erzehlung der zur Artzney gehörigen Tugenden / die in den Mineralien mehr gefunden werden / als was albereit erwehnet worden / damit die jenigen / so sie haben / wissen mögen / wie sie dieselben bey begebender Gelegenheit gebrauchen sollen. Etliche Mineralien wircken durch ihre verborgene wesentliche Eigenschafft (oder special-Form) andere vermittelst ihrer Elementarischen Eigenschafften / so denen Eigenschafften der Kranckheiten zu wider sind. Von der ersten Art dienen etliche wider Gifft / und andere zu andern Arten der Kranckheiten. Diese / welche dem Gifft wiederstehen heilen etliche die Pest / als der Smaragd / die Lemnische und Armenische Erde; andere sind gut wider eine Art des Giffts allein / als der Sapphir / eingenommen / dienet wider den Biß der Scorpionen; Schwefel / Salpeter / und Vitriol sind gut wider die gifftigen Schwämme. Saltz Pflaster-weise gebrauchet / ist gut wider den Biß der Nattern und Scorpionen / eingenommen ist es gut wider das Opium und gifftigen Schwämme. Von denen die durch eine verborgene Eigenschafft heilen / stillen etliche das Blut so aus einem sonderbahren Theil des Leibes

bes flieſſet / als der Blutſtein / andere ſtärcken
den Magen / wenn ſie an einen Faden ümb den
Hals gehencket werden / als der rechte Jaſpis
thut; Andere / wenn ſie an den lincken Arm gebunden werden / verhüten die Mißgeburth / wie
der Adlerſtein / den die Griechen Ætites heiſſen /
und ſo er auff den lincken Schenckel gebunden
wird / wircket er das Wiederſpiel / wie auch der
Jaſpis thut. Andere purgiren die groben Feuchtigkeiten / wie der Magnet / andere die Melan-
choley / wie der Lapis Armenus oder Cibairo;
andere erregen ein Erbrechen / als der itzt-gemeld-
te Lapis Armenus thut / imgleichen das Berggrün / der Vitriol und der Præcipitat.

Unter denen / die durch die Elementariſche Eigenſchafften wircken / (wiewohl ins gemein alle
Mineralien austrocknend ſind) erhitzen etliche
den Leib / als der Alaun / Vitriol / Calchitis, Mi-
ſi / Sori / ſchwartz Atrament / und Grünſpan.
Andere kühlen denſelben / als die Eritrianiſche
Erde / Spißglaß oder Antimonium, Bleyweiß und Glätte. Andere durch ihre andere Eigenſchafften / die ſie haben / erweichen
harte Dinge / wie der Gagatſtein / weil er ſo viel
Berghartz bey ſich hat; andere im gegentheil er-
härten die weichen Theile / als das harte Bley
und das Spießglaß; etliche öffnen die Schweiß-
löcher der Haut / als Salpeter und vertreiben
die Schupen deſſelben; andere verſtopffen die
Lufftlöcher / als die Samiſche Erde und alle andere.

dere Erden thun / die da schleimicht und zehe
sind.　Etliche vertreiben die Wartzen und Ge-
schwüre / und die Beulen am Leibe / als der Muh-
lenstein / und der Marcast oder Kiß ; andere heilen Wunden / als der gebrandte Vitriol / Misi,
und Alaun ; andere zerfressen das Fleisch / als
das Pulver des Steins Asa, und der Vitriol
und Grünspan thut.　Etliche machen das Fleisch
sauber und rein / als der lebendige Kalck / O-
perment / rother Bergschwefel (Sandaraca)
und Berggrün.　Mercurius sublimatus, O-
perment / rother Bergschwefel / und lebendiger
Kalck sind ein Gifft / weil sie die Gedärme zerfressen und in Fäulung bringen ; also auch der
Gyps / Bleyweiß und calcinirter Talc, weil sie
die Durchgänge der Geister verstopffen /
bringen sie einen durch Ersteckung
umbs Leben.

Der